8

Edit. diff. de cette partie sous le même n°. (1)
voir aux pages 77-78.

~~Il y a des ex. qui portent le nom du libr. François Pomeray.~~

HISTOIRE DE LA REBELLION DES ROCHELOIS,

Et de leur reduction à l'obeïssance du Roy.

TIREE DV LATIN DV Sieur de Sainte-Marthe l'aisné.

Par I. BAVDOIN.

A PARIS,
Chez IACQVES VILLERY : En sa boutique au Palais, au troisiesme pillier de la grand' Salle.

M. DC. XXIX.

Auec Priuilege du Roy.

AV ROY.

SIRE,

La Victoire que vous venez d'obtenir à la hôte de vos ennemis, & à la confusion de vos ſubiets rebelles, couure Voſtre Maieſté de palmes & de lauriers, & rend voſtre nom redoutable à tous les peuples de l'Vniuers. Mais il eſt vray que la Clemence eſt vn des plus riches ornemens de vo-

ſtre triomphe, & que voſtre conqueſte n'auroit pas eſté ſi glorieuſe ſi vous auiez refusé de pardonner à des criminels que vous pouuiez legitimemẽt punir: Auſsi la douceur & la moderation que Voſtre Maieſté a fait paroiſtre en cette occaſion, charment tellement les eſprits de tous les hommes, que les plus ſages ne conſiderent vos actiõs que pour les admirer. Et en effect Voſtre Maieſté poſſede ces Royales vertus en vn degré ſi eminent que ceux qui veulẽt entreprendre d'en parler, ne trouuẽt point de termes aſſez puiſſans pour les exprimer, &

certes cette consideratiõ m'a-uoit osté le dessein d'escrire ce qui s'est passé au siege de la Rochelle & en l'Isle de Ré, & de laisser à la posterité les grãdes choses que la prudence de Vostre Maiesté & le bon-heur de ses armes ont en peu de tẽps si sagement & si genereusement executé, si la volõté de V. M. n'asseuroit ma foiblesse, & ne releuoit mõ courage, & si mõ entreprise n'estoit assistée de vostre protectiõ. Car ayant à rapporter des actiõs qui dans les siecles passez n'õt point d'exẽple & qui estõnerõt les siecles aduenir, mon esprit n'eust iamais osé esperer d'atteindre si haut, s'il n'eust esté animé par les commandemens de Vostre Maiesté. I'entreprends donc de publier par ce discours Latin que ie presente à Vostre Maiesté, le succez de ce siege memorable qui a tenu en attente toute l'Europe, & qui a obscurcy la gloire des plus grands Roys de la terre. En quoy si i'ay tant de bon-heur que mes paroles puissent respondre à la dignité de leur subiet, ie confesse que i'en suis redeuable à l'honneur que ie reçois de seruir Vostre Maiesté, & que comme les Astres par leurs influences animent les corps inferieurs & leur donnent le mouuement, ainsi les hautes & immortelles actions de Vostre Maiesté inspirent à mes paroles ce qu'elles ont d'esclat & de pompe. Vous auez SIRE, commencé & acheué vn ouurage du succez duquel dependoit le repos ou le trouble de toute la Chrestienté. Et cette entreprise merueilleuse si heureusement executée, ne donne pas seulement la paix à vostre Royaume, mais elle rend aussi à l'Eglise la dignité que l'heresie & la rebellion luy auoient iniustement rauie. En fin il est vray que Vostre Maiesté a remis sous son obeissãce cette Ville que toute l'Europe croyoit imprenable, & cét exploit digne *de vostre valeur & de vostre courage a fait voir à tout le mõde qu'il n'y a point d'obstacles qui puissent arrester le progrez de vostre bõne fortune, & que Dieu fauorise visiblemẽt tous vos desseins. Desormais V. M. sera en estat de donner la loy à ses voisins, & de se faire recognoistre pour arbitre de la Chrestienté, & vostre vertu ayant estouffé la rebelliõ, & arraché les semẽces de la diuisiõ du cœur de la France, vous pourrez porter vos armes victorieuses par toute la terre, & faire trẽbler ceux que la ialousie de vostre grãdeur a rẽdu vos ennemis.*

Auãt que V. M. euſt conduit vne entrepriſe ſi importante à ſa perfection trois puiſſantes armées nauales, auſsi bien equippées qu'aucune autre qui depuis cent ans ait fait voile ſur l'Ocean, ſe ſont preſentées pour aſsiſter & ſecourir cette Ville rebelle: mais vous auez monſtré à vos ennemis qu'ils auoient plus de temerité que de iugement, & que leurs forces ne pouuoiẽt s'eſgaler à voſtre puiſſance: Car vous les auez chaſſez de vos coſtes, & par vne fortune admirable deuë à l'ordre & à la cõduitte de Voſtre Maieſté, vous auez obtenu cõtr'eux vne Victoire *qui a esté signalée d'vne perte infinie de leurs trouppes & de la prise de leurs principaux Capitaines à qui Vostre Maiesté par vne action pleine de courage a liberalemēt rendu la liberté. Les choses qui ont suiuy vn si notable éuenemēt, doiuent estre mises au nombre des miracles, & elles seroient incroyables si elles n'estoient arriuées à la veuë de tout le monde. Les Elemens semblent auoir conspiré pour donner de la reputation à vos armes, & pour ruyner les desseins de vos ennemis. Toute la nature a combatu pour destruire les machines qu'ils auoiēt preparée pour faire leurs* efforts: Et les feux qu'ils auoient composé auec tant d'artifice & de despense pour brusler les vaisseaux de Vostre Maiesté, n'ont seruy qu'à dõner du plaisir à vostre armée. Mais SIRE, cette Digue merueilleuse qui a fermé le passage de la mer aux ennemis de Vostre Maiesté, & arresté la puissance de deux flottes qui sembloient deuoir tout oser, est vrayement vn ouurage digne d'eternelle memoire, aussi vos ennemis apres auoir veu vn trauail si prodigieux, ont perdu l'esperãce qu'ils auoient vainement cõceuë, & aduoüant que Vostre Maiesté estoit capable de toutes choses, ont esté reduits à luy demander la paix; & ces criminels qui auoient appellé les estrãgers pour appuyer leur rebellion, recognoissant qu'ils ne pouuoient plus attendre de secours que de la Clemence de Vostre Maiesté, se sont venus ietter à ses Pieds pour luy demãder pardon, & leurs larmes ont eu tant de pouuoir qu'elles ont attendry vostre cœur, & obtenu de Vostre Maiesté vne grace dont ils estoiẽt indignes. Histoire admirable que ceux qui viendront apres nous, ne pourront pas croire, vous pouuiez iustement punir ces mutins qui auoient ſi long temps meſpriſé voſtre authorité, & vous auez mieux aymé leur faire ſentir les effects de voſtre Clemence que ceux de voſtre iuſtice. Vne ſeule actiõ d'humilité vous a fait oublier tous leurs crimes paſſez, & voſtre Maieſté qui a tãt de fois pardonné à ſes ennemis, n'a peu veoir la miſere & le repentir de ſon peuple, sãs eſtre touché de douleur & de pitié. Auſsi ce pauure peuple ſe voyãt aſſeuré de sõ ſalut cõtre ſon eſperãce a receu sõ bõ-heur auec eſtonnement, & la grandeur des obligations qu'il ha à Voſtre Maieſté, luy oſtant tous les sentimens, ne luy a laissé que la liberté de ses pensées pour admirer vostre douceur & vostre bonté. Ioüyssez SIRE, du fruict precieux d'vne si grande & si belle Victoire, & pendant que pour vne si genereuse action la France, & singulierement vostre chere Ville de Paris dresse des trophées à vostre gloire, permettez que ie die à Vostre Maiesté que vostre vertu ne se pouuoit signaler par vne plus glorieuse conqueste, Que vous auez executé ce qui sembloit estre au dessus de la puissance des hommes ; Qu'en cette memorable entreprise vous auez donné des *preuues admirables de vostre sagesse dans les resolutions importantes, de vostre courage, dans les perils de la guerre & vostre affection enuers la Religion Catholique; Que le siege de la Rochelle apres auoir esté conduit auec tant d'ordre & de prudence ne pouuoit plus heureusement finir, Et en somme que Dieu ayant dés long temps preparé cét ouurage pour sa gloire & pour nostre bonheur, en auoit reserué l'accomplissement à Vostre Maiesté, comme au plus Grand, au plus Iuste, au plus Clement, & au plus Victorieux Monarque de la terre.*

Extraict du Priuilege du Roy.

PAR lettres patentes & Priuilege de sa Majesté, Données à Paris le 29. iour de Decembre 1628. signees TARTERON, & seellees. Il est permis à François Pomeray & Iacques Villery, Imprimeurs & Libraires à Paris d'imprimer, faire imprimer, vendre & debiter en telle marge & caractere qu'ils verront bon estre pendant le temps & terme de six ans entiers & consecutifs, vn liure composé en Latin par le Sieur de Sainte-Marthe l'aisné, suiuant l'ordre & commandement qu'il en a eu de sa Majesté, & pour les considerations y contenuës, ledit liure intitulé, *Expeditio Rupellana, auspiciis & armis Ludouici Iusti Regis Christianiss. & inuictiss. confecta*, & depuis tiré du Latin, & mis en François par I. Baudouyn, interprete ordinaire pour sa Majesté des langues estrangeres. Et tres-expresses inhibitions & deffences sont faites à tous autres Libraires, Imprimeurs, & autres personnes de quelque estat & condition qu'ils soient, tant de ce Royaume que dehors iceluy, d'imprimer, faire imprimer, traduire, contrefaire, ny alterer lesdits liures sous pretexte de fausses marques, ny autrement vendre & debiter iceux tant en Latin qu'en François d'autres impressions que de ceux qu'auront imprimé ou fait imprimer lesdits Pomeray & Villery, ou ceux qui auront droict d'eux pendant ledit temps de six ans, à cõpter du iour que lesdits liures seront acheuez d'imprimer pour la premiere fois, tant en Latin qu'en François, à peine de confiscation des exemplaires contrefaicts, de mille liures d'amende applicable au profit desdits exposans, de tous despens, dommages & interests; Car tel est nostre plaisir. Nonobstant clameur de Haro, chartre Normande, coustume de pays prise à partie, ny autres lettres à ce contraires, à la charge de mettre par les exposans deux exemplaires de chacun desdits liures, tant Latin que François en nostre Bibliotheque. Voulant que mettant le present extrait au cõmencement ou à la fin de chacun exemplaire desdits liures lesdites lettres soient tenuës pour deuement signifiées & venuës à la cognoissance de tous nos sujets, ainsi qu'il est plus au long declaré par lesdites lettres cy-dessus dattées.

Acheué d'imprimer, le dernier iour de Decembre 1628.

A LA REINE MERE DV ROY.

MADAME,

Si les rauissemens de ioye que vous apporte le retour de ce Grand & Iuste Roy vostre Fils, & les cris d'allegresse qui s'esleuent en sa faueur, vous

ẽ

laiſſent à diſpoſer de quelque moment de loiſir, il ſemble que Voſtre Majeſté ne le ſçauroit plus agreablement employer, qu'en iettant les yeux ſur l'hiſtoire de ſes actions, pour y voir les effects de la ſage nourriture qu'elle luy a donnée, & les ſemences de Generoſité qu'il tient du feu Roy ſon Pere. Car MADAME, la part que vous auez à l'heureux ſuccez de ſes conqueſtes, n'eſt pas ſi petite que nous ne vous deuions des remercimens pour les choſes qu'il a faites, & que nous n'allions rechercher en voſtre ame l'origine de ſes Vertus, & iuger de l'obligation que nous vous auons en la perſonne de cét Auguſte Monarque, qui ioint à tant de Vertus Heroïques vne iuſte recognoiſſance de ce qu'il doit à vostre conduite. Cela estant, Madame, ie ne pense pas que l'on me puisse blasmer, si i'ose presenter à Vostre Majesté le Discours de cette derniere Victoire, tiré du Latin du Sieur de sainćte-Marthe, de qui la plume excellente ne pouuoit se proposer vn sujet plus noble que celuy des triomphes de LOVYS le IVSTE, ny la mienne en conſacrer l'Ouurage plus legitimement à perſonne, qu'à la plus grande Royne du monde, pour qui tous les bons François font des vœux, & moy particulierement qui ſuis

MADAME,

DE VOSTRE MAIESTÉ,

Le tres-humble & tres-obeïſſant ſeruiteur,
I. BAVDOIN.

AV LECTEVR.

IE ſçay que le don de ſçauoir beaucoup, & de bien eſcrire eſtãt comme hereditaire à la famille des Sieurs de Sainte-Marthe, ce m'eſt vne temerité d'auoir entrepris de mettre la main à la plume apres l'Autheur de cette Hiſtoire, qui pour les merueilleuſes douceurs de ſon ſtyle, a merité que ſa Majeſté l'ait *choisi pour la faire voir en Latin aux Nations estrangeres. Mais puis que luy-mesme n'a pas trouué mauuais que ie trauaillasse apres son Ouurage, ie me tiendray pour fort satisfaict, si lisant ce que i'en ay escrit en nostre langue, vous tesmoignez l'auoir agreable, & encore plus, si vous excusez les fautes que vous y trouuerez, dont les vnes peuuent proceder de moy premierement, qui ne suis pas exempt de faillir, & les autres des Imprimeurs, de qui le trauail, reglé comme celuy des*

Astres, ne m'a permis ny de revoir ma Copie assez exactement, ny de lire les espreuues.

HISTOIRE
DE LA REBELLION DES ROCHELOIS.

NOVS auons souuent consacré nos vœux & nos escrits à l'immortelle memoire de l'Inuincible Monarque LOVYS LE IVSTE, vainqueur des Rebelles & des Estrangers, ennemis de son Estat. Maintenant que par vne particuliere grace du Ciel, il a mis vne heureuse fin à ce qui nous restoit de troubles, arresté le cours des guerres ciuiles, tary les sources de nos miseres, esteint les embrasemens de la FRANCE, repoussé l'effort des Anglois, & pris la Rochelle, chose dont pas vn de ses Predecesseurs n'auoit peu venir à bout ; il est bien raisonnable que nous fassions voir à la posterité les Triomphes qui luy sont deubs legitimement, ensemble sa Douceur incomparable, & sa Bonté merueilleuse enuers les Rebelles, en l'abolition qu'il leur a dõnée de leurs crimes, auec non moins de Generosité que de Clemence.

Ce n'est donc pas sans sujet qu'offrans à nostre ROY TRES-CHRESTIEN, &

tres-victorieux vne immortelle Couronne de Laurier ; des Palmes tousiours verdoyantes, & des Trophées que les Despoüilles qu'il a gaignées sur ses Ennemis, rendront à iamais Illustres, nous les exposons maintenant à la veuë de tout le monde. Que les autres racontent, s'ils peuuent, toutes ses Victoires, & qu'ils les deduisent par le menu. Pour nous, de tant de belles actions qu'il a faites, c'est nostre dessein d'en recueillir seulement les principales, & celles que l'on peut mettre à bon droit au rang des Miracles. C'est ainsi que nos foibles yeux n'estant pas capables de regarder vn trop grand nombre d'eſtoiles entaſſées confuſement, ny de les diſcerner toutes, ſe contentent de ſe recreer par la veuë de celles qui brillent au Ciel auec plus d'eſclat.

La ROCHELLE aſſiegée par LOVYS LE IVSTE, ſeruit d'vn beau ſujet à ſa Victoire, & d'vn grand Theatre à ſa Clemence, quand elle vint à ſe rendre. Il n'y a celuy qui n'ait quelquefois oüy parler de cette Ville, qu'on a tenuë pour imprenable, & qui eſt cogneuë de tout le monde, pour auoir touſjours eſté l'Azyle d'vn petit peuple mutin & ſeditieux. Elle eſt vn des Ports de l'Ocean le plus renommé pour le commerce, & la capitale du païs d'Aulnis, fortifiée de trois enclos de murailles, de bons ramparts, de plusieurs bastions & rauelins, de profonds & larges fossez, & de la Mer principalement.

Se fiant donc à ses forces, elle tascha premieremẽt auec vne estrange obstination, de choquer l'authorité de ses Princes, de se retirer peu à peu de leur seruice, & finalemẽt de s'affranchir de leur puissance. A quoy toutesfois s'opposa FRANÇOIS I. & mesme il empescha pour quelque temps l'effort d'vne pernicieuse Rebellion. Mais depuis que la France porta le dueil d'vn si grand Roy, & que par vn malheur bien estrange elle se veid priuée de HENRY II. l'Heresie ayant treuué à faire retraitte dans cette place, elle s'y fortifia de telle sorte, que les plus Mutins oserent bien armer contre leur Patrie, sous vn pretexte de Religion, & entreprendre de la ruïner de fonds en comble, assistez des autres Rebelles de leur party.

Tous sçauent assez qu'il est arriué plusieurs fois à ces Factieux d'estre les boute-feux des guerres ciuiles, & qu'ils n'õt que trop souuent fulminé pour faire reprendre les armes à ceux de léur ligue, lors qu'ils les auoient à peine posees. Par cette violence tyrannique ayant presque vsurpé la Souueraineté dans la Ville ſous le regne de FRANÇOIS II. de CHARLES IX. & de HENRY III. puis ſous HENRY IV. vſé de toute ſorte d'artifices & de fineſſes pour la conſeruer ; ils ont à la fin taſché de s'y eſtablir ſous LOVYS LE IVSTE.

Que cela ne ſoit, depuis le commencement de ſon Regne nous n'auons point eu de guerres ciuiles, à la faueur deſquelles trauaillant de tout leur poſſible à ſe rendre libres, ils n'ayent ingratement violé l'honneur qui ſe doit aux Souuerains ; point d'occaſions de troubler l'eſtat, que leur eſprit remuant n'ait ardamment embraſſées ; point de tumultes qu'ils n'ayent entretenus, ny point de menaces que leur humeur insolente n'ait employées ; Tellement qu'au poinct où leur Vanité les auoit portez, l'on pouuoit bien dire d'eux sans mẽtir, qu'ils croyoiẽt auoir desia le mesme empire sur l'Ocean qu'eust ce Prince ambitieux qui l'enuoya menacer. A ces vains mécontentemens ils adioustoient des plaintes iniustes, disant qu'on les priuoit de leurs anciennes franchises; & ne parloient d'autre chose, sinõ que les Estrangers s'en viendroient bien tost fondre sur nous, & que les Anglois prendroient les armes pour leur defense.

En effect, apres que la fureur

insensée, qui les possedoit comme vn mauuais demon, n'eust plus moyen de se retenir, & qu'ils se furent imaginez de ne pouuoir viure sous l'authorité du Roy, sans estre gesnez dans leur Religion, ils s'en seruirent, comme d'vn pretexte pour faire venir les Anglois dans l'Isle de Ré, tramant auec eux l'entiere desolation de la France, & la commune ruïne de leur Patrie. Le Roy iugeant bien alors que la Rochelle seroit à iamais fatale à son estat, tant qu'elle brasseroit de semblables choses, & s'imposeroit des loix à sa volonté, se resolut d'y mettre le siege, pour coupper la racine à de si grands maux.

En cette entreprise toute l'Europe eust vn iuste sujet d'admirer premierement ce fameux trauail, qu'on appelle d'ordinaire *Ligne de communication*, où se voyoient en si grand nombre des Forts, des Batteries & des redoutes, qu'à le bien cõsiderer, il sembloit veritablemẽt qu'on eust couppé tous les passages, & qu'il n'y eust point d'auenuë par terre qui pût conduire à la Ville. A ce prodigieux trauail estoit iointe cette memorable Digue, qu'on a si fort admirée, ou cét enclos, s'il faut ainsi dire, faict sur l'Ocean auecque tant d'art, que par son moyen vn Roy si puissant que le nostre surmonta pour lors la ſcituation naturelle de la Mer meſme. Il fiſt encore bien dauantage ; Car il en rendit l'effort inutile aux Aſſiegez, auſſi bien que le flus & le reflus, qu'il empeſcha d'aborder en cét endroit, ou de s'en retourner auec ſa violence ordinaire. De cette façon, ſoit que l'impetueux Ocean pouſsât bien loing ſes vagues eſmeuës, ou que s'enflant plus que de couſtume, il les eſleuât à gros monceaux entaſſez ; tant y a, que Dieu le voulant ainſi, il ne pût iamais ny rompre les obſtacles qu'ō luy auoit oppoſez, ny arracher les fortes machines dont il eſtoit chargé, comme s'il euſt cedé aux commandemens de noſtre inuincible Prince, & secondé les conseils du Grand Cardinal de RICHE-LIEV, qui nous a esté donné du Ciel pour la gloire de nostre Roy & de ce Royaume.

Le port de la Rochelle, qui est scitué à l'embouchure de la Mer, ne se peut mieux comparer qu'à vn Croissant, dont les deux pointes & les extremitez s'aduancent où la Mer est de plus large estenduë, & se donnent vne mutuelle assistance. Ce fût là que LOVYS LE IVSTE fist bastir deux forts, l'vn à la pointe de Coreil, l'autre en celle du Port neuf, tellement que par ce moyen il se rendist maistre de la Mer, &

osta de plus aux Assiegez toute esperance d'auoir des viures. Quãt à la Ville, du costé qu'elle regarde la terre, elle estoit bouclée d'vn bout à l'autre, enuironnée de bonnes tranchées, le trauail merueilleux & continuel, & l'ennemy resserré dans l'enclos de ces murailles.

Entre ces deux pointes, l'on ne bastit premierement que biẽ peu de forts, qui furent depuis augmentez à mesure que l'Armée se grossit. Outre le principal, qui estoit le Fort Louys, qu'on auoit commencé de bastir treize mois auparauant, l'on en comptoit encore douze autres, & tout auprés plusieurs redoutes separées d'vne moyẽne distance, tant pour defendre le Camp, que pour batre la Ville en ruïne. Entre tout cecy se voyoit la Ligne de cõmunicatiõ auecque ses Forts, ses Batteries & ses redoutes, qui depuis l'vn des bouts du port neuf, s'estendoiẽt iusques au fort appellé de son nom *Le fort de la Digue*, vers la pointe de Coreille, & ainsi par son large enclos où estoient compris les douze Forts, elle enuironnoit toute la Ville, & en faisoit comme vne ceinture.

Il n'est pas à croire auec combien d'ardeur & de vigilance l'on entreprit vn si grand trauail. Car de la façon que nos Soldats s'y employerent, ils firent voir veritablement qu'ils estoient inuincibles à la fatigue; & ne perdirent iamais courage, ny pour la rigueur des vents & des pluyes, ny pour les autres incommoditez des plus facheuses saisons de l'année. Quoy que les brouïllards & les neiges, dont ils estoient comme accablez, semblassent les deuoir raffroidir en leur trauail, ils s'y eschauffoient neãtmoins malgré la rudesse de l'Hyuer, & ne s'en desistoient non plus pour les excessiues chaleurs de l'Esté, qui n'estoient capables ny de leur faire poser les armes, ny d'empescher leur Chef inuincible de voir la fin de ce siege.

Apres que du costé de la terre on eust bouclé la Ville de

toutes parts, l'on en fist de mesme du Port auec vn artifice admirable. Tellement que les Assiegez perdirent deslors toute esperance de pouuoir resister plus long temps, comme ils veirent qu'on leur auoit osté les moyens de faire venir par Mer le secours de viures qu'ils attendoient d'Angleterre. N'ayãt donc peu empescher que les nostres, sur lesquels ils ne cessoient de faire tirer leur artillerie, pour détourner leur trauail, n'acheuassent cette merueilleuse Digue, qui faite d'vn amas de pierres, de grauier de terre, & d'autres materiaux limoneux, s'estend peu à peu en talut d'vne pointe du riuage à l'autre, l'autre, il fut iugé necessaire qu'au bout de châcune de ses espaules qui s'aduançoient dans la Mer, il y eust vne batterie de Canons, afin de pouuoir defendre l'entrée du Port à ceux qui en voudroient approcher. Pour ce mesme effect, & pour empescher que les vaisseaux n'eussent moyen d'en sortir, en cas qu'ils y fussent entrez, furent mises à trauers de grosses machines de Charpenterie attachées les vnes aux autres, auec quantité de pieux de fer & de bois.

Là tout contre estoient entrelassez de biais, & comme par ondes, plusieurs gros nauires, qui chargez de sable &

de pierres, furent enfoncez à l'entrée du Port auec vne telle dexterité, qu'il estoit impossible que pas vn Vaisseau, pour grand ou petit qu'il fût, y entrât iamais, ou dans la Ville, soit que la marée vint, ou qu'elle se retirât. Or ce que l'on rangea ainsi de biais, & comme en eschiquier ces nauires & ces Machines, fut fait à dessein, afin qu'elles peussent plus aisément resister à la violence de la Mer & à ses rauages.

Ces deux estacades estoient supportées & defenduës par derriere de plusieurs autres vaisseaux attachez ensemble, & qui seruoient comme d'vne palissade flottante entre la Ville & le Port, qui estoit gardé par les Soldats qu'on auoit mis dans ces nauires. Dauantage, au delà de ces grosses pieces de bois, enfoncées & liées de charpente par dessus, il y auoit quantité de Chaloupes, qui s'estendoient plus auant dans la Mer, & qui rangées à droict & à gauche estoient remplies, comme les autres, d'vn bon nombre de vaillans hommes, tous prests à combatre, & à repousser les Ennemis, en cas qu'ils voulussent entreprendre ou de forcer la demy-lune, ou l'ayant forcée, de passer à trauers les machines, & les nauires enfoncées, ou de les attirer en haut, ou bien de les rompre.

L'on y meit encore au milieu d'autres grosses poutres & pieces de bois, afin qu'estant sans cesse agitées par la violence des vents & des vagues, elles s'enfonçassent plus ferme & plus auant dans la Mer, pour en boucher le passage, & boucler le Port; si bien que par ce moyen, quelque contraire que fut la marée & quelque flotte d'ennemis qui vint à se presenter, il se treuuât dans l'eau comme par miracle des obstacles de toutes parts, qui les empeschassent de passer outre.

A ce memorable siege & à

tout ce grand trauail l'Angleterre & la Rochelle donnerent commencement ; Et la cause de cette guerre fût d'autant plus dangereuse & importante à l'Estat, qu'il estoit icy question de la violence de l'Estranger qui le vouloit enuahir, & de la manifeste Rebellion d'vn petit peuple insolent.

Les François viuoient heureusement dans le calme, & LOVYS LE IVSTE ne tournoit ses pensées & ses desseins qu'à se consacrer à la Posterité par des actions Heroïques, & dignes d'vn tiltre si venerable, quand il arriua tout à coup, que l'Anglois ancien ennemy de cette Couronne, feignit de ne desirer rien tant que d'estre honnoré de l'alliance d'vn si grand Roy. Pour cét effect il ne manqua point à mesme temps de rechercher MADAME sa sœur par des Ambassadeurs enuoyés exprés, ausquels il donna tout pouuoir de porter parolle de ce Mariage. Ils en firent donc la proposition à sa Majesté qui tesmoigna l'auoir agreable, ne pouuant croire apparemment que cette Alliance deust estre nuisible à son Estat, & que l'Vnion de ces deux Royaumes n'en fût à l'aduenir plus durable. Mais tout le contraire aduint depuis, & tandis qu'on estoit apres à traitter de la conclusion de ce Mariage; les Ministres que le Roy d'Angleterre auoit en France, s'aydoient de ce pretexte, pour sonder sous main les volontez des mauuais François, principalement des Rochelois, qu'ils inciterent plus fort à la Rebellion, à laquelle ils n'estoient desia que trop enclins.

Cependant les solennitez de ce Mariage estant faites à l'Eglise par M. l'Illustriss. Cardinal de la Roche-foucault, auec vne incroyable pompe de ceremonies & de magnificences publiques, toute la France commençoit desia de s'en resioüir, sur l'esperance qu'elle auoit que les pauures Catholiques d'Angleterre en receuroient quelque allegement à leurs maux, & que ces deux peuples en seroient vnis d'vne amitié plus estroite : Le succez neantmoins n'en fût pas tel qu'ils le croyoient deuoir estre. Au contraire toutes ces belles esperances s'en allerent au vent en fort peu de temps, & l'effect ne s'en treuua nullement conforme au desir & à la pensée qu'ils en auoient. Car dés le commencement de ce Mariage, & à l'arriuée de LA REINE en Angleterre, au lieu qu'en semblables occasions c'est vne ancienne coustume d'ouurir solennellement les prisons pour la deliurance des Miserables, en celle-cy l'on y resserra cinquante Catholiques, comme par mespris, & presque à la veuë de la Reine mesme. En suitte dequoy tous ses principaux Officiers, & autres Domestiques qu'on luy auoit donnez pour la seruir, furent contraints de se retirer par l'exprés commandement qui leur en fût fait, & de sortir d'Angleterre, contre la dignité des conditions portées par les articles du Mariage.

Voyla cependant que M. le Mareschal de Bassompierre fut enuoyé Ambassadeur extraordinaire en Angleterre, pour tascher de mettre quelque remede à de si grands maux, & voir s'il n'y auroit pas moyen d'adoucir vn peu ces courages aigres. Mais quoy qu'il s'acquittât tres-dignement de cette Ambassade, si est-ce que tout le fruict qu'on en pût recueillir, s'esuanouïst auecque le temps. Depuis la veritable affection que la REINE MERE a tousiours euë pour ses enfans, fist que pour l'amour de sa Fille, elle tâcha derechef de mettre bien ces deux Roys ensemble Ce qui toutesfois ne reüssit non plus que le reste. Car on veid en suitte les Anglois vser contre nous de toute sorte de violence, sans nous auoir auparauant declaré la guerre; faire vn iniuste butin de nos biens, piller nos vaisseaux, & y mettre le feu, ou bien les couler à fonds.

Apres tant d'actes d'Hostilité, par lesquels le droict du Commerce estoit visiblement violé, nos Marchands n'en pouuant plus endurer, furent contraints d'en faire leurs plaintes à M. le Duc de Luxembourg pour lors Gouuerneur de Blaye. A l'heure mesme il tascha d'en tirer raison par le droict de represaille; & en cette action s'aydant de l'authorité du Roy, il fist arrester vn assez bon nombre de vaisseaux Anglois. Neantmoins sur la requeſte qui fut preſentée par les Marchands Eſcoſſois, ils eurent depuis vne entiere main-leuée, & de leur Marchandiſe; & de leurs Nauires. Et toutesfois quelques grands que fuſſent ces teſmoignages de bien-vueillance, les Anglois en eurent ſi peu de ſentiment, qu'au lieu d'en eſtre eſmeus, ils en deuindrent plus audacieux, & en abuſerent. Ce qui ne parût que trop en ce que depuis ils oſerent effrontement donner nos biens à l'inſolence de leurs Corſaires, ioint que par vn Edict qui fût publié, ils defendirent expreſſément à ceux de leur nation de trafiquer auec nous. Dequoy n'eſtant pas contens, ils confiſquerent nos vaiſſeaux au profit du Roy d'Angleterre, & ce qui eſt pire que tout le reſte, c'eſt qu'ils meirent vne puiſſante flotte ſur Mer, & l'armerent à la ruïne de la Couronne de France.

Ce fût en ce meſme temps que l'inſolence des Rochelois parût d'vne eſtrange ſorte dans le furieux deſir qu'auoient ces Mutins de ſe retirer de l'obeïſſance du Roy, & d'eſmouuoir de ſi grands orages, qu'il n'y euſt non plus de calme en France que ſur la Mer, quand les vagues en ſont agitées par la tempeſte. Que ſi de hazard parmy tant de mauuais Citoyens, il s'en treuua quelques-vns, qui plus gens de bien que les autres, eussent de l'inclination à seruir le Roy, & leur Patrie, ceux-cy vuiderent volontairement la Ville, ou bien la necessité du temps les contraignit d'en sortir; En cela sans mentir d'autant plus loüables, qu'ils aymerent mieux se bannir eux-mesmes que ceder plus long temps à la honte & à l'infamie; n'auoir par maniere de dire, ny feu ny lieu, que s'accommoder à la fureur des Rebelles; perdre tous leurs biens, que faire la moindre faute contre l'authorité du Souuerain, & en vn mot, renoncer de leur bon gré à leurs charges, pluſtoſt qu'en les exerçant violer les loix & l'obeïſſance deuë à leur Prince.

Ainſi la face de cette Ville fût en peu de temps tellement changée, qu'il n'y euſt celuy qui ſe reſſouuenant de ſon ancienne grandeur, de ſa puiſſanſance, & de ſes richeſſes, ne l'eſtimât miſerable au dernier poinct, & digne des maux qu'elle enduroit, pour s'eſtre ruïnée d'elle-meſme. Ainſi, diſ-je, le vil Populaire, que la fureur priuoit de raiſon, & qui ne faiſoit rien qu'à ſa volonté, ſçachant que noſtre inuincible Roy ſe trouuoit mal, promeit aux Anglois d'eſtre de leur ligue, & de ſe ietter dans leur party.

Miserable Ville ! qu'il faut bien dire qu'il y a du mal-heur en tes Citoyens, & que ce mal-heur est causé par ta seule faute ! Mais souuienne-toy qu'il te sera mal-aisé de venir à bout d'vne guerre que tu entreprends si facilement, & que tu n'en verras iamais la fin qu'à ton grand dommage. Il n'est point de si foible Mutin, qui ne puisse esmouuoir vne sedition; mais il n'appartient qu'au vainqueur d'acheuer ce que les Rebelles ont commence. Tu attaques iniustement ton Prince le plus IVSTE de tous les Roys, & aueuglée par ton crime, tu ne vois pas que c'est. Luy qui auec autant de Valeur

que

que de bonne Fortune, a touſ-jours vaincu ſes ſujets Rebelles, & ſes Ennemis eſtrangers; Luy, dont le Courage accompagné d'vne incomparable Vertu, s'eſt mocqué de leurs folles entre-priſes ; Luy, qui pour ſes pru-dents conſeils a rendu vaines toutes leurs ruſes ; & Luy fina-lement, qui par vne genereuſe conſtance a ruïné leur obſtina-tion, & abbatu leur temerité par la grandeur de ſon courage heroïque. Cela eſtant, il te faut perir neceſſairement, ou ceſſer d'eſtre rebelle à ton Roy. Mais quoy? les aduis qui te ſont don-nez pour ton bien, s'en vont tous au vent, tandis que les mauuais Citoyens, & les Anglois leurs Alliez, qui dans leur vaine confidence ne trauaillent qu'à ta ruïne, imitent l'inconstance des mesmes vents, & de la Mer orageuse; par qui l'on verra bien tost leurs foibles desseins se dissiper, & leurs efforts se resoudre tous en fumée.

Ce fut donc par le pernicieux conseil des Rebelles de la Rochelle, que les Anglois prenant leur temps sur l'indisposition de nostre bon Roy, qui estoit tombé malade le vingt-huictiesme de Iuin, en l'an mil six cens vingt-huict, s'ayderent lachement de cette occasion à leur aduantage; & possible seroit-on bien empesché de iuger si le dessein n'en fut point aussi mauuais pour eux que l'euenement. En cette entreprise ils auoient le Duc de Bukingan pour General de leur Armée nauale, composée de cent cinquante voiles, si l'on y comprend les petits vaisseaux; flotte de si grand equipage, qu'il ne s'en estoit point veu de nostre temps vne plus puissante sur l'Ocean.

Comme ils veirent donc que la marée & le temps sembloient seconder leur Nauigation, ils desployerent les voiles, & se hazarderent à la mercy du vent & de la Fortune; Mais l'vn & l'autre se mocquant d'eux, ils furent faits à la fin, le ioüet de leur inconstance. Le vent neantmoins ne laissa pas de leur estre si fauorable à leur arriuée, qu'ils aborderent en l'Isle de Ré fort proche de la Rochelle. Là ils moüillerent l'anchre inopinément, enuiron le vingt-huictiesme Iuillet, saison en laquelle la pleine Lune faict les marées beaucoup plus grandes qu'elles ne sont d'ordinaire.

Enflez d'vn si bon succez, ils attaquent d'abord LOVYS le IVSTE, auec qui ces Temeraires n'auoient aucune guerre, ny point d'inimitié, ny la moindre dispute que ce fût, durant le cours de plusieurs années. Ils attaquent dis-je le

ROY tres-Chrestien, & qui du commun consentement de tous est tenu pour n'auoir son pareil ny en puissance ny en grandeur de courage. Ils attaquent vn Prince Victorieux, qui en temps de paix & de guerre, rapporte & a tousiours rapporté à la Iustice & à la Pieté tous ses soings tant publics que particuliers, tous ses trauaux, toutes ses actions, & finalement toutes ses pensées. En vn mot, ils attaquent la merueille des Roys, qui en la fleur de son aage s'est fait cognoistre & renommer par dessus les autres Princes & les plus grands Capitaines du monde, par tant d'insignes Victoires & d'illuſtres trophées qu'il a gaignés, & pour la proſperité duquel non ſeulement la France, mais Rome, l'Europe, & tous les Peuples de la terre s'eſtudient à faire des vœux, & veillent à ſa conſeruation.

Ainſi les Anglois s'eſtant mis à faire la guerre, pluſtoſt qu'ils ne l'auoient declarée, ſe ietterẽt dans l'Iſle de Ré auec vne Armée nauale. Mais Dieu combatit pour nous en cette querelle, & nous vengea de leur iniuſtice, comme l'euenement le monſtra depuis. Et certes, ſans ce que la Valeur & la Majeſté de noſtre Monarque, enſemble le merueilleux ſoing & la preuoyance du Grand

CARDINAL de RICHE-LIEV les repoussèrent de l'Isle, & en firent demeurer plusieurs sur la place, il estoit à craindre sans doute, qu'ils n'eussent fait courir vn danger extreme à nos biens, & à l'ancienne dignité du Sceptre François. Le sieur de Toiras donna pour lors de fort belles preuues de sa Valeur, & fist eslite des plus agguerris des siens, auec lesquels il combattit vaillamment les Ennemis, & en reprima l'effort temeraire par leur défaite. Il y en eust vn grãd nombre de tuez, entre lesquels estoient plusieurs Capitaines & Lieutenans, & des soldats iusques à six cẽs. En ce cõbat furẽt aussi mis à mort des nostres, les sieurs de Restinglieres, frere du sieur de Toiras, le Baron de Chantal, de Nauailles, de Cauzes, & quelques autres vaillans hommes, dont l'Histoire n'oubliera point les noms.

On peut voir par là que tout ainsi que c'est l'ordinaire des Aquilons, de souffler au commencement auec plus de violence, & des tourbillons plus rapides ; puis tout ce grand bruit se calmer peu à peu, iusqu'à ce qu'en fin il s'appaise entierement, & sa force demeure abattuë ; De mesme l'arriuée des Anglois que les Aquilons firent aborder en l'Isle de Ré, se pouuoit dire du commencement toute noble & genereuse, si leur audace excessiue n'eust attiré leur dommage; Mais l'issuë en a esté miserable, & à iamais honteuse pour eux; Aussi est-ce le propre de la temerité de s'assoupir, apres qu'elle a ietté sa premiere fougue; & quelque ardeur qu'il y ait dans la violence, il ne faut que le moindre retardement pour l'esteindre.

Les Anglois ayant fait dessein de se rendre maistres du fort sainct Martin; qui n'estoit fourny d'aucune sorte de munitions, ny de viures, se meirent à l'assieger estroittement. Alors Monseigneur le Cardinal de Richelieu, à qui le Roy durant sa maladie auoit laissé le principal ſoing des affaires de ſon Eſtat, ſous l'authorité de la tres-auguſte Royne ſa Mere, ayant ſçeu par vn Courrier que luy enuoya le Marquis de Brezé, pour lors Gouuerneur de Broüage, les choſes qui s'eſtoient paſſées en l'Iſle de Ré; recourut à meſme temps à ſa prudence ordinaire, pour deliberer là deſſus, & fiſt tout ce qu'il iugea neceſſaire à la conſeruation de l'authorité du Roy, du bien de la France, & des affaires tant publiques que particulieres. Dequoy il s'acquitta ſi dignement, & auec tant de bon ſuccez, qu'il n'y euſt point de choſe ſi difficile, dont il ne vint à bout par ses actions heroïques, & ses parfaites vertus, que la renommée doit rendre immortelles par tout le monde.

N'oubliant dont rien de ce qui touchoit sa charge, la dignité du Royaume, & le secours du Sieur de Toiras, il ne laissa passer aucune occasion, ny aucun moment, sans y trauailler auec vne diligence incroyable. Pour cét effect en ayant auparauant communiqué auecque la Royne Mere durant la maladie du Roy, il enuoya pour vn iour trente Courriers en diuerses Prouinces de ce Royaume, principalement en Poictou, au pays d'Aulnis, en Xaintonge, en Guyenne, en Bretagne, & en Normandie. A quoy il trauailla si habilement, qu'il en fust depesché plus de deux cens en vn mois, pource qu'en l'estat où se trouuoient alors les affaires de la guerre, il iugea qu'il faloit que cela fust necessairement.

Par mesme moyen, il enuoya l'Abbé de Marsillac en Poictou, & l'Euesque de Mande en Normandie; employant liberalement tout l'argent qu'il se treuua comptant, ou qu'il peust auoir sous son credit à leuer des troupes & assister de viures le Sieur de Toiras. Ce qui fut sans doute vne grande marque de son humeur genereuse, & de son extreme affection au bien de la France, qui parut euidamment, en ce qu'il ayma mieux se priuer d'argent soy-mesme que de secours le Sieur de Toiras, & l'Isle assiegée.

Dauantage il meit ordre que Mr le Cheualier de Portes, & le Marquis de Brezé, ensemble les sieurs de la Malleraye, de Pont Courté, Beaunau, Chabans, Cahusac, & autres qu'il sçauoit estre fidelles au Roy, s'en allassent promptement aux Prouinces où il y auoit apparence que les Anglois pourroient descendre, & que prenant le soing de faire fermer les ports, ils trauaillassent de tout leur possible au secours de l'Isle & du Sieur de Toiras. Ce qui fut fait à l'instant, auec vne vigilance du tout merueilleuse. Car deslors on ramassa de toutes parts vn grand nombre de barques & de pinasses, chargées de viures, & n'y eust rien que l'on iugeât necessaire, à faire leuer le siege aux Anglois, ou les chasser de l'Isle de Ré, à quoy l'on ne taschât de pouruoir.

Durant que ces choses se passoient, & qu'vn des parens de Boukingan s'en venoit en poste à Paris, pour y traiter de la paix, à ce qu'on disoit, Monseigneur le Cardinal fist en sorte qu'à la diligence de l'Abbé de Marsillac, il fut enuoyé quelque ſecours au Sieur de Toiras. Les Sieurs de Carmal, de Beaulieu, de Perſac, & de la Riuiere Pigreffier, s'offrirent alors à combatre les Anglois, & s'en acquitterẽt tres-dignemẽt.

Le Roy cependant releua peu à peu de maladie, & on luy declara l'importance de cette affaire. L'ayant bien conſiderée, il teſmoigna d'abord, que pour grande qu'elle fuſt, ſon courage eſtoit encore plus grãd pour la ſurmonter. Comme en effet il y miſt ordre auſſi toſt, auec vne force d'eſprit & vne diligence merueilleuſe. Apres cela il reſolut de s'en aller aſſieger la Rochelle, principale fortereſſe de la Rebellion,

& d'y mener M. le Duc d'Orleans son valeureux Frere, à qui deslors il donna la charge de Lieutenant General de son Armée sous sa Majesté.

Cela fait, il enuoya deuant M. le Duc d'Angouléme, pour faire leuée de gens, & ranger ses troupes au lieu le plus proche de la Rochelle. S'y estant rendu en peu de iours, comme il estoit apres à remarquer les fortifications de la Ville, les habitans firent tirer le Canon sur luy. Mais au lieu de s'estonner de ce bruit, son courage se renforça dans les dangers. Car iugeant deslors qu'il faloit presser l'Ennemy plus chaudement, d'vn grand nombre de pieces

pieces de bois & de planches il en fist des nouuelles fortifications, afin que les soldats en fussent plus à couuert; & que la ligne de Communication en fust plus aisément aduancée. Auec cela, il n'espargna ny sa peine ny ses moyens, pour le secours du Sieur de Toiras. Comme il faisoit ces diligences, les Rochellois qui voyoient bien que son extreme valleur le porteroit aisément dans le danger, ensemble ces autres vaillans hommes qui estoient espars de tous costez, s'ils tiroient premierement sur eux, & les desfioient par vne feinte retraite, enuoyerent soudainement quelques-vns des leurs, qui firent vne sortie, & assaillirent les nostres, tandis qu'on tiroit de toutes parts à l'entour du Prince leur Chef. Luy cependant voulut aller fondre sur eux, & l'on eust toutes les peines du monde d'empescher qu'il ne se iettast à trauers leur troupe. Les Rochelois cederent à l'instant au courage de ce Prince, & furent chargez par les plus vaillans de sa suitte, qui les poursuiuans comme des foudres, en firent demeurer plusieurs sur la place. Ceux qui se porterent plus dignement en cette occasion, furent les Sieurs de Brianson, de Lude, de la Feuillade, de Puy-laurens, des Ouches, la Borie, Launey, &

ſon frere de Nantez : le malheur voulut neantmoins que le Sieur de Maricour y fuſt tué. Mais ſa mort fut vangée à meſme temps par Monſieur de Bellegarde, qui auec vn courage digne de luy, en oſta le corps à l'ennemy , & le tua de ſa main.

L'Iſle de Ré s'en alloit eſtre perduë , & l'on ne ſçauoit de quelle façon la ſecourir , lors qu'on ſe reſolûſt à la fin d'en rechercher toute ſorte de moyẽs. Comme ce deſſein eſtoit noble & genereux , Monſeigneur le Duc d'Orleans fiſt tout ſon poſſible pour en haſter l'execution. D'ailleurs tandis qu'on eſtoit apres à faire venir des viures,le Sieur de Toiras feignoit de traiter auec l'Ennemy , & souftenoit cependant diuers Combats, où le Sieur de Monferrier son autre frere mourut vaillamment & les armes à la main. Durant ces choses il receuoit tous les iours de nouueaux aduis de Monseigneur le Cardinal de Richelieu, qui l'incitant à prendre courage, l'asseuroit qu'on luy enuoyeroit bien tost du secours , & que le Roy ne tarderoit guere à venir. Mais de la façon que les Anglois nous pressoient, qu'ils se mettoient en ordre de bataille , qu'ils rangoient leur Artillerie,qui tiroit à tout moment , & qu'ils se preparoient à l'aſſaut, tenant deſia comme pour renduë la place qu'ils vouloient attaquer, l'on pouuoit vrayement bien dire, que c'eſtoit fait des Forts de l'Iſle, ſi la valleur & la prudence de celuy qui commandoit dedans, n'euſſent eſté ſouſtenuës par l'Eſpoir, qui eſt vn merueilleux rampart au beſoing, enſemble par la vigilance de noſtre GRAND ROY, & par l'induſtrie du genereux CARDINAL DE RICHELIEV.

Comme les Anglois faiſoient ces efforts, ſa Maieſté ne voulant plus differer ſon voyage, partit incontinent de Paris, & y laiſſa la ROYNE ſa MERE, afin de pouruoir à toutes choses, comme elle a tousiours fait, auec vne prudence incroyable, & presque diuine. Il arriua cependant que la Citadelle fust secouruë par la diligence de l'Abbé de Marsillac. Car les pinasses qu'il auoit fait charger de munitions & de viures, prirent la route de l'Isle à la faueur de la nuict, & ceux qui les conduisoient gaignerent le port courageusement malgré les vains efforts des Anglois, qui taschoient de l'empescher, & faisoient tirer sur eux tout ce qu'ils auoient d'Artillerie dans leurs Nauires. Or ce qui resioüit le plus le Sieur de Toiras, fut de sçauoir que parmy les gens de ſecours qui luy venoient, eſtoient compris M. le Marquis de Grimaut, auec qui de long temps il auoit vne amitié tres-eſtroite, enſemble les Sieurs Deſplan, de Beaulieu, Perſac, Launay-Raſily, Céſac, de Beaumont le Ieune, de la maiſon de Monſeigneur le Cardinal de Richelieu, de Maupas, & pluſieurs autres excellens hómes. Cette ioye neantmoins ne fut pas entiere, car vn extreme deplaiſir s'y entremeſla, quand on lui vint dire que les Ennemis auoiẽt fait priſonniers de guerre les Sieurs de Perſac & de Raſily. Et d'autant qu'il importoit grandement qu'on fuſt aduerty du ſuccez d'vn ſecours ſi fauorable, ceux qui eſtoiẽt dans le Fort en donnerent incontinent aduis par les feux qu'ils firent de nuict sur le haut des Tours. Les affaires se passoient ainsi, & nostre Prince estoit à peine arriué, quand on luy vint dire que l'Isle de Ré auoit esté secouruë heureusement. A l'heure mesme sa Majesté depescha le Sieur de Bautru, & le Comte de Nojan vers les deux Roynes serenissimes, qui ne sçeurent pas plustost de quelle façon cette affaire s'estoit passée, qu'auecque leur deuotion & leur prudence accoustumée, elles mirent ordre que par tout Paris en fussent faites solemnellement des Processions, & des prieres publiques.

Le Roy fut à peine arriué au pays d'Aulnis, où l'armée le receut auec vne allegresse incroyable, qu'assisté du conseil, du soing, & de la vigilance du tres-illustre Cardinal de Richelieu, il pourueut à toutes les choses qui luy semblerent necessaires à cette guerre. Comme il auoit fait General de son Armée Monseigneur le Duc d'Orleans son frere, il en donna vne particuliere charge sous luy à Monsieur le Duc d'Angouléme, ensemble à Messieurs de Schomberg, & de Bassompierre, tous deux Mareschaux de France, en qui la valleur & la generosité se font particulierement remarquer parmy toutes leurs autres vertus. Il recommanda par apres à Monseigneur le Garde des Sceaux de continuer dans cette merueilleuse integrité de vie qui le rend equitable enuers tous ; à Monsieur le Marquis de Fiat, superintendant de ses Finances, incorruptible en sa charge, d'auoir soing de faire payer les soldats ; à M. de Marillac Mareschal de Camp, de tesmoigner en ce siege la valleur & la prudence admirable dont il ne manque iamais de rendre des preuues dans les occasions; & à tous les autres Seigneurs de luy estre tousiours fidelles.

Cela fait, accompagné de Monseigneur le Cardinal, & de

M. le Mareſchal de Schomberg, il s'en va voir les fortifications du Camp, & les preparatifs de ce ſiege en la preſence de ſon Armée, qui ne ceſſe de faire des vœux pour la proſperité de ſon Prince, & retentit de toutes parts de cris d'allegreſſe. Car il n'y a celuy des ſoldats, qui fauoriſé de la veuë de ſon Roy, & rauy de remarquer en luy tant de courage & tant de prudence, ne desfie toutes les forces des Ennemis, & ne ſe promette vne victoire aſſeurée. Luy cependant n'aguere releué de maladie ſe renforce de iour en iour dans le trauail des ſoldats, dont il prend le soing, & qu'il void faire luy-mesme. Car il ne perd pas vn moment de temps à fortifier le Camp, & aduancer la ligne de Communicatiõ. Desia mesme, en cas que dans l'Esté suiuant, il ne voye la fin de ce siege, il fait dessein d'y passer l'Hyuer, quelque ennuyeuse qu'en puisse estre la rigueur, plustost que se desister de son entreprise; & se delibere de ne partir point de là, qu'il n'ait reduit les Rebelles, ou par la force des Armes, ou que volontairement ils ne viennent se rendre à luy.

Apres auoir mis cét ordre au Camp, il considere attentiuement les preparatifs des Anglois, & leur armée naualle, qui estoit à l'anchre en l'Isle de Ré, où la plusspart d'entr'eux auoient desia pris terre. Ayant cogneu pour lors l'extreme danger où estoit cette Isle, il se resolut d'en chasser promptement les Ennemis, & par mesme moyen deliurer le Sieur de Toiras d'vn siege ennuyeux, & toute la Prouince de l'alarme qu'elle se donnoit. Dequoy sans doute il se promettoit de venir à bout, par la confiance qu'il auoit en Dieu premierement, puis en la valleur des siens, mais sur tout en la prudence du Genereux Cardinal de Richelieu, & de Monsieur le Mareschal de Schomberg, dont il suiuoit les aduis.

Auec ce dessein il entreprint courageusement de se hazarder à l'inconstance des flots, & d'espreuuer par mer la Fortune, qui ne l'auoit point encore abandonné sur terre. Pour cét effect Monseigneur le Cardinal eust ordre du Roy de pouruoir à toutes les choses necessaires à l'embarquement des troupes, & M. le Mareschal de les faire passer au plustost. Ce qui fut à peine ordonné, qu'on ne veid iamais tant de Noblesse, qu'il s'en presenta pour auoir part à la gloire de ce combat, d'autant plus grande que l'entreprinse en estoit dangereuse.

Sa Majesté choisit alors elle mesme dans son Armée deux cens cheuaux, & six mille hommes de pied, dont elle donna le commandement à Mr de Schõberg, ensemble à M. de Marillac Mareschal de camp, & n'est pas à croire combien grande fust la resolution que tesmoignerent auoir tant de braues hommes, apres qu'ils se furent tous confessez, & que nostre Inuincible LOVYS leur eust dõné l'ordre qu'ils deuoient tenir dans l'Isle, les asseurant qu'en vne guerre si iuste, où il s'agissoit de la Religion & de la patrie, Dieu combattroit pour leur defense, & leur feroit gaigner la Victoire.

Cependāt les Anglois ayant descouuert ce dessein, se resolurent d'attaquer le Fort sainct Martin. Ce qu'ils firent en vain neantmoins, pource que le Sieur de Toiras & les autres Assiegez les repousserent vaillamment, encouragez par la presence du Roy, qui n'estoit pas loing. Or pendant que les nostres n'attendoient plus qu'apres le bon vent pour démarer du riuage, & passer en l'Isle, Monseigneur le Cardinal estoit tousiours en action, & trauailloit auec vne vigilance admirable. Car pour aduancer les affaires, il s'en alloit ores en Broüage, tantost en Oleron, & maintenant aux autres costes du Poitou, du païs d'Aulnis, & de la Xaintonge, sans que ny la fureur des vents, ny la violence des vagues, ny les autres incommoditez qu'apporte le mauuais temps, peussent empescher, que preferant à sa propre vie la gloire du Roy, & la conseruation du public, il n'allast chercher de toutes parts des viures & du secours, tant pour en assister les Assiegez, que pour nourrir les soldats, apres leur traject. Ce qui luy reüssit auec beaucoup de bonheur, & vn extreme contentement.

Durant tout ce bon succez

plusieurs nauires sortirent du port en diuerses costes, voyant que le vent leur estoit commode; & les barques enuoyées pour le secours en firent de mesme; entre lesquelles, celle où estoient les Sieurs de Canaples, de Fourrilles, & plusieurs autres vaillants hommes passa fort heureusement, sans que pas vn fust attaint de l'artillerie des Ennemis, qui tiroit sur eux de toutes parts. Quelque temps apres il en arriua de mesme à Monsieur de Marillac, à qui les Ennemis ne peurent empescher le passage, ny les vents non plus quelques contraires qu'ils fuſſent ; De maniere qu'ayant ſurmonté tous les deux, il ſe rendit dans l'Iſle auec ceux qui l'y accompagnoient ; dont les plus remarquables eſtoient le Commandeur de Souuré, les Sieurs de Chapes, de Tauanes, Villequier, le Cheualier de Chappes, enſemble le quatrieſme frere, le Vicomte de Melun, Eguily, Marinville, & autres, iuſques à trente Gentilshommes & quinze Mouſquetaires.

Il arriua cependant que Monſieur le Mareſchal de Schomberg ayant enuoyé deuant le Commandeur de Valencé, pour faire des feux dans l'Isle, ce qu'il executa dignement ; se veid trauersé dans l'extreme desir qu'il auoit de mettre les Ennemis en desroute. Car lors qu'il estoit en cette impatience, qui luy faisoit treuuer longs les moindres delays, vne soudaine tempeste le ietta bien loing de l'Isle auecque ses troupes. Mais ny les tourbillons des vents, ny les efforts des vagues esmeuës, ny les escueils & les bancs de sable, ny la continuelle garde que faisoient les Ennemis, ne peurent tant soit peu destourner la resolution & le dessein d'vn Chef si vaillant. Car ayant heureuſement vaincu tous ces obſtacles, il arriua dans l'Iſle de Ré, pluſtoſt que ſes Ennemis ne ſçeurent qu'il en deuoit prendre la route.

Sus donc, valeureux ſoldats, puis que vous auez fait ce trajet auecque tant de bonne fortune, & paſſé à trauers les vaiſſeaux de vos Ennemis, ſans vous eſtonner ny du bruit de leur Canon, ny de leur vain equipage, allez vous-en hardiment acheuer ce que vous auez ſi bien commencé. Souuenez-vous que vous eſtes François, & deffendez vaillamment l'honneur de vostre patrie sous les Auspices de vostre ROY TRES-CHRESTIEN, qui se peut dire le plus puissant & le plus inuincible Prince dont il ait iamais esté parlé dans l'Histoire. Comme le Palmier rude en son escorce, & armé de pointes aux extremitez de ses fueilles, donne bien de la peine à celuy qui veut monter dessus, & luy offre vn doux fruict quand il a gaigné le haut; Ainsi, bien qu'il y ait vne infinité d'escueils, d'obstacles, & de dangers, qui se pourront presenter à vous, deuant qu'estre victorieux en l'Isle de Ré, & quoy qu'il ſemble que les Anglois qui l'enuironnent de tous coſtez, vous la doiuent rendre inacceſſible par leurs grands preparatifs de guerre, & le bruit de leurs Canons ; ſi faut-il neantmoins que vous ſçachiez, qu'il n'y aura iamais d'occaſion en laquelle vous puiſſiez gaigner tant d'honneur qu'en celle-cy , par qui vous ſerez rendus immortels, pour auoir defendu voſtre pays contre la violence des Eſtrangers.

Or d'autant que par ie ne ſçay quel malheur toutes les troupes ne ſe peurent rendre enſemble dans l'Iſle , cela donna vn peu l'alarme & à ceux qui l'auoient passé les premiers, & aux Assiegez, quand ils vindrent à se representer, que l'Armée des Anglois n'estoit pas petite, & que leur animosité se pourroit bien tourner en rage. Et sans mentir, il y auoit apparence que l'euenement ne s'en fust que trop ensuiuy à nostre dommage, si le bon-heur n'eust fait suruenir assez à temps Monsieur le Mareschal de Schomberg. A son arriuée il r'assembla d'abord les Regiments de Nauarre, de Champagne, & de Piedmont, ensemble des Sieurs de la Mailleraye, de Rambure, de Praslin, de Beaumont, & du Frenay ; A quoy furent adiouſtées les deux Compagnies de gensd'armes, tant de la Royne Mere, que de Monſeigneur le Duc d'Orleans ; il fiſt à l'inſtant ranger ſon Infanterie en quatre bataillons, & la Caualerie en deux eſcadrons, auec laquelle Monſieur de Marillac s'aduança, comme il euſt ouy la Meſſe, & donna depuis de merueilleuſes preuues de ſon courage. Monſieur le Mareſchal arriua bien toſt apres, & le Sieur de Toiras s'en vint au deuant de luy, pour l'aduertir que les Ennemis qui tenoient n'aguere eſtroitement assiegé le Fort sainct Martin auoient sonné la retraite.

L'on assembla pour lors le conseil de guerre, pour resoudre de ce que l'on auoit à faire, soit que les Ennemis eussent desia leué le siege, ou fait cette retraite à dessein, pour nous liurer le Combat. Les plus hardis furent d'aduis qu'il les faloit charger sans plus differer, iugeant apparamment qu'ils feroient fort peu de resistance, puis qu'ils auoient commencé de prendre la fuitte. Mais il y en eust d'autres plus moderez qui opinerent tout au contraire, & dirent pour leurs raisons, qu'il ne faloit point hazarder vne victoire, qui estoit acquise à sa Majesté, ny desfier temerairement les Ennemis au combat, de peur qu'ils ne ioüassent de leur reste, & ne fissent courage de desespoir. Ils alleguoient là dessus l'exemple de HENRY le GRAND, qui au siege d'Amiens ayma mieux differer vn peu à prendre la place, & empescher le secours, que hazarder la bataille, bien que la victoire luy semblât estre asseurée. Tous furent presque de cette mesme opinion, disant qu'il ne faloit rien faire qui pût exposer les nostres à quelque danger, mais considerer ſoigneuſement les contenances des Ennemis, & les ſurprendre, s'il eſtoit poſſible, au paſſage de la Digue, ou en quelque autre lieu aduantageux, pour les forcer à combattre. Mais il y en euſt qui s'oppoſant à cét aduis, meirent en auant les difficultez des lieux ſerrez & marécageux de la mer, des ſablons mouuants, des Dunes, & de la vaze. Comme on deliberoit de ces choſes, M. le Mareſchal de Schomberg apperceut que les Anglois ſe donnoient l'alarme, & prenoient la fuitte vers leurs vaiſſeaux; Ce qui fut cauſe qu'il commanda ſoudain au Sieur de Buſſy-Lamet de charger leur

Caualerie, pour la renuerser sur leurs gens de pied tandis qu'il s'aduanceroit pour dõner dans le bataillon des Ennemis ; Et à M. de Marillac de soustenir le Sieur de Bussy auec le reste de la Caualerie, & de faire charger les Ennemis aux deux flancs : Luy cependant se tint à la teste de la Caualerie, & se messa le premier parmy les Anglois, qu'il meit en déroute auec vn courage & vne resolutiõ inuincible, tãdis que d'vn autre costé M. de Marillac les chargea fort vaillamment.

A cette gloire eurẽt bõne part aussi M[rs] le Cõte de Harcour, le Prince de Guemenay, le Duc de Rhez, Droés, Tilladet, Valencé, de Chapes, le Marquis d'Anonay, de la Malleraye, de Nauailles, de Viantais, Desgarets, d'Arnaud, de Bellingant, de sainct Preuïl, Thibaud, & plusieurs autres vaillans hommes, dont les noms seront à iamais illustres & glorieux dans nos Annalles. Toute la Caualerie des Anglois, & ceux de l'Arriere-garde furent tuez ou faits prisonniers, sans aucune perte des nostres. Il y eust aussi quarante-cinq de leurs drapeaux prins, ensemble quatre petites pieces de fonte. En vn mot, les vns furent taillez en pieces, & les autres se ietterent dans la Mer, où ils seruirent de proye aux poissons ; & il est à croire que fort peu dés leurs s'en fussent retournez en Angleterre, si l'obscurité de la nuict ne les eust mis à couuert. Car il n'en resta que la cinquiesme partie, qui n'ayant plus ny force ny courage, fist sa retraite en l'Isle de Loye.

Le succez de ce combat fust si fauorable aux nostres, que le Roy n'y perdist pas vn seul homme de marque ; & tient-on qu'il n'y eust que sept ou huict soldats de tuez. Il est vray que Monsieur le General des Galleres, ensemble les Sieurs de Villequier, de Porcheux, & de la Iaille, Escuyer de M. le Mareschal y receurent quelques blessures qui leur seront à iamais autant de marques d'honneur. Pour le regard des Anglois il y en demeura plus de deux mille de morts en cette rencontre, parmy lesquels il y auoit cinq Colonels, trois de leurs Lieutenans, cent cinquante Capitaines ou Officiers, & vingt Gentilshommes de marque. Il y eust aussi quantité de prisonniers, dõt les principaux estoiẽt le Milor Monjoye, & le Colonel Gré, le General de leur Caualerie, & celuy de l'Artillerie, cinquante Capitaines ou Officiers, plusieurs Gentilshommes

&

& deux cents ſoldats, comme l'on peut voir par la lettre que M. de Schomberg en eſcriuit à ſa Majeſté. Que ſi la mer & la clemence qui eſt ordinaire aux François, n'euſſent eſté fauorables à leur fuitte, ie ne penſe pas qu'vn ſeul en fuſt reſchapé. Alors le Duc de Bokingan, qu'vne ſi honteuſe desfaite rendoit preſque à demy-mort, voyant que la fortune ſe moquoit de luy, & que l'ayant ſi bien traitté au commencemẽt, elle auoit en fin changé de viſage, ſe treuua bien empeſché à prendre vne reſolution entre l'eſperance & la crainte qui l'agitoit. Car il ne ſçauoit s'il deuoit s'en retourner en Angleterre, ou se refugier ailleurs qu'en son païs; il ne laissoit pas neantmoins de soliciter tousjours les Rochelois, pour les induire à se rendre à ceux de sa nation. Mais voyant qu'il cherchoit en vain du remede à son mal, & à le soulager par quelque meilleure fortune, tout afligé qu'il estoit de son desastre, & d'auoir contre son deuoir & sa conscience offencé le plus IVSTE de tous les Roys, il fist voile en Angleterre.

Apres cette victoire miraculeuse, Nostre Grand Roy voulant imiter la clemēce de Celuy qui en auoit esté la premiere cause, en l'assistant d'vne grace particuliere en cette occasion, fist venir de l'Isle les principaux prisōniers, qu'il enuoya biē tost apres à Paris, pour y saluer les Reynes, & depuis il les remit sur leur foy, les renuoyant à la Reyne de la Grande Bretagne sa chere sœur. En mesme temps aussi furent apportez à Paris les drapeaux gaignez sur les Ennemis, que sa Majesté voulut estre dediez & mis dans la grande Eglise de Nostre Dame, apres qu'on eust solennellement rendu graces à l'Autheur de cette Victoire. Et sans mentir, comme de long temps il ne s'en est point gaigné de plus grande, ny dōt les ornemens & les trophées ayēt esté plus illustres, par elle LOVYS le IVSTE s'est acquis à bon droit tous les plus beaux titres qu'ō ſçauroit dōner au bon-heur, à la clemence, & à la pieté d'vn grand Prince, auſquels il a ioinct par ſa valleur celuy de grand Capitaine ; & par elle meſme Monſeigneur le Cardinal de Richelieu, Monſieur le Mareſchal de Schomberg, genereux & fidelles Miniſtres de l'Eſtat, & la Nobleſſe Françoiſe, ont gaigné des honneurs immortels & des loüanges incomparables.

De cette memorable Victoire receut auſſi vn extreme contentement Vrbain VIII. qui ſous le nom de Barberin ayant eſté autresfois en ce Royaume Nonce du Sainct Siege

Apostolique , en augmente maintenant l'esclat & la dignité par cette admirable liaison de sciences & de vertus , qui se remarquent en luy. Comme ce n'est pas d'auiourd'huy qu'il est enclin au bien de la France , si tost qu'on luy apporta les nouuelles d'vn si bon succez , il tesmoigna de s'en resioüir infiniment par les lettres qu'il en escriuit au Roy , à Monseigneur le Cardinal , à Monsieur le Mareschal de Schomberg , & au Sieur de Toiras , les exhortant auec vne affectió de vray Pere, d'acheuer ce qu'ils auoient si bien commencé, c'est à dire, de trauailler tousiours au bien de l'Eglise & de ce Royaume.

Si tost que nostre Grand Prince eust chassé de son Estat les Ennemis Estrangers, il tourna ses armes & ses pensées à rãger à leur deuoir ses sujets rebelles. Pour cét effect ayant resolu de voir vne fin du siege de la Rochelle, il y dõna ses soings tous entiers, & deuant son conseil de guerre qu'il fist assembler exprés, il monstra qu'on pouuoit auoir la Ville par deux moyens. Le premier estoit, que pour la commodité de ceux qui l'assiegeoient, il faloit faire de nouueaux Forts, de nouueaux fossez, & de nouuelles batteries de toutes parts, & reduire le trauail à ce point, que les soldats pussent aller & venir à couuert,

& les machines eſtre commodement tranſportées où l'on voudroit. Le ſecond moyen qu'il en donna, fuſt de fermer le port auecque la Digue que nous auons cy-deuant deſcrite, & de boucher par mer & par terre tous les paſſages aux Aſſiegez. Cét aduis fuſt incontinent approuué de tous, comme vne grande marque de l'eſprit & du iugement du Roy, ſi bien que pour executer vn ſi bon conſeil, l'on miſt à l'heure meſme la main au trauail, & tous s'y porterent auec vne ardeur d'autant plus grande qu'ils y eſtoiét incitez par la preſence de celuy qui en eſtoit l'Autheur.

Ces choſes heureuſement

acheuées, le Roy, dont la prudence eſt incomparable, ayant laiſſé le ſoing des affaires de la guerre & de toute autre choſe à Monſieur le Cardinal, s'en vint à Paris durant le ſiege de la Rochelle, accompagné de Monſieur de Marillac, Garde des Seaux de France, charge qu'il exerce auec vne Probité du tout merueilleuſe ; & de Monſieur le Marquis Desfiat, digne ſurintendãt des Finãces. A ſon arriuée la premiere choſe qu'il fiſt, fuſt de s'en aller rẽdre ſes vœux dans l'Egliſe de Noſtre Dame, & d'y en adiouſter de nouueaux ſi Dieu luy faiſoit la grace de venir à bout de ſes iuſtes deſſeins. Cependant l'on ne sçauroit croire combien grande fust la ioye que receurent tous les soldats, de ce qu'il auoit pleu à sa Majesté leur dõner vn Chef si capable de s'acquiter dignement de toute sorte de choses, de maniere qu'il n'y eust celuy d'entr'eux qui ne contribuât ses plus saines affe-ctions à luy rendre le respect, l'honneur & l'obeïssance qu'il merite. Aussi dés le iour qu'il fust honnoré de cette charge en l'absence du Roy, il meist si bon ordre aux affaires de la guerre, que les pensées d'vn chacun se reposerent depuis sur la vigilance & la probité d'vn si grand Herôs. Les euenemens firent bien cognoistre aussi que leur confiance n'estoit pas vaine, car deslors il n'oublia rien de tout ce qui est requis à se faire Maistre d'vne place, qu'on tient assiegée, comme s'il n'eust fait autre chose toute sa vie qu'auoir du commandement à la guerre, & commencé de porter les armes dés son bas aage. On le voyoit ores dans les vaisseaux pouruoir à l'equipage de mer, tantost faire reueuë des gens de guerre, & maintenant donner ordre que le trauail du Camp s'aduançât, puis mettre des gardes où il en faloit, rãger les soldats, & les exhorter à leur deuoir, prenant luy mesme le soing de leur paye, qu'il leur faisoit dõner bien ample aux iours qu'il destinoit à cela. En vn mot, il exerçoit dignement la charge de grand Capitaine, & s'employoit entierement à faire reüssir les desseins de nostre valeureux Prince. Dequoy n'estoient pas capables de le destourner ny les rigueurs de l'hyuer, ny les autres incõmoditez qu'apporte le mauuais temps, ny tous les dangers ensemble qu'on peut courir par mer & par terre. Cela fist aussi que le Roy receut vne merueilleuse ioye, lors qu'à son retour au Camp il veid auec combien de soing, d'industrie, & d'affectiõ, vn si fidelle Ministre auoit fait garder la discipline des armes en son absence. Mais il s'estonna sur tout de la merueilleuse diligẽce qu'il auoit tesmoignée à fortifier sur mer contre les Anglois, & à recouurer des Nauires.

Durant le seiour que le Roy fist à Paris, apres que par le conseil de la Royne sa Mere, de Monsieur le Garde des Seaux, de l'Illustrissime Cardinal de Berulle, & de Mõsieur le Marquis Desfiat, il eust mis ordre à beaucoup de choses vtiles à son Estat, il prist la poste pour s'en retourner à l'Armée. Et d'autant qu'il estoit necessaire que cette grande Ville, capitale de la France, ne demeurât point despourueuë de personnes qui se cogneussent aux affaires de son Estat, il y laissa pour cét effect la Royne sa Mere, Princesse extremement prudente & accoustumée à tout, ensemble Monsieur le Cardinal de Berulle, les Sieurs de Lomenie pere & fils, Monsieur le President de Cheury, & le Sieur Boutiller, qui a merité de succeder depuis à la place de Monsieur Dauquerre, vn des quatre Secretaires d'Estat, decedé n'aguere.

A tous ceux-cy, le Roy donna pour adioints les principaux du Priué Conseil, pour assister la Royne sa Mere durant qu'il seroit au Camp. Comme il y fust de retour, sa presence y resioüyst ses bons sujets, bien plus que n'eussent peu faire toutes les forces de gens de guerre. Ce fût en ce mesme temps qu'on dressa cette forte Machine, appellée communement Estacade, faite en triangle, & qui s'aduançant dans la Mer composée d'vn bon nombre de Galiottes & de vaisseaux attachez ensemble auecque des cables, estoit fortifiée de bons Canons pour repousser les Anglois, en cas qu'ils voulussent forcer la Digue. En effect, quelque temps apres ils s'en vindrent contre nous auec ce dessein, & leur Armée se presenta pour secourir les Rochelois. Ce que le Roy n'eust pas plustost apperceu & cogneu leurs forces, qu'il se tint prest à les combatre, se fiant en la valleur de ses soldats.

Vous l'eussiez veu pour lors auec vn visage heroïque & des yeux pleins de viuacité se manier dans ses armes, auec vn courage inuincible aux traits de la peur, & representer à sa mine & à son action, tout ce que peut auoir d'accomply le plus grand Guerrier du monde. Ayant mis ordre d'abord qu'entre les vaisseaux rangez à droit & à gauche on y laissât autant de distance, qu'il en faloit pour le passage des auautres barques, il en fit mettre vn bon nombre tant à l'arriere-garde qu'à l'auant-garde, & des Trauersins armez pour defendre le dehors & le dedans de la demy-Lune, &

repousser l'effort des Ennemis, de quelque part qu'ils peussent venir.

Ainsi les soldats se tenant en leurs vaisseaux, qui estoient toute leur retraitte, attendoiẽt les ennemis de pied ferme, auec vne extreme impatience que l'heure ne fût desia venuë de combatre les Anglois & les rebelles. Le Roy cependant accompagné de Monsieur le Cardinal s'en alloit dans les rangs des soldats dont il en appelloit plusieurs par leurs noms, & leur remonstroit, qu'en cas qu'il en falut venir aux mains, ce ne seroit pas le hazard, mais la valleur qui termineroit ce combat, que desia les courages des

Ennemis

Ennemis estoient abbatus par le souuenir de l'Isle de Ré, qui leur seroit à iamais vn piteux obiect de la desfaite de ceux de leur nation, & qu'au reste il esperoit Dieu aydant de faire bien tost sentir aux Rebelles, qu'ils ne se deuoient point fier au secours que les Anglois leur promettoient. En suitte de cela, il fist mettre de toutes parts des Bateries & des Machines, afin que les nostres ainsi fortifiés ne peussent estre attaquez qu'au grand dommage des Ennemis.

Voyla cependant que le Nauire où estoit sa Majesté fist tant de peur aux Anglois, qu'ils mirent la voile au vent, & prirent la fuitte, apres auoir tasché premierement d'embraser tous nos vaisseaux par le moyen des feux d'artifice qu'ils y voulurent jetter. Toutesfois il en arriua bien autrement qu'ils ne pensoient. Car au lieu qu'ils croyoient que ce feu s'attacheroit à nos nauires, il gaigna les leurs, & s'augmentant par la violence du vent, y fist de si grands rauages, que leurs soldats & leurs matelots en furent à demy bruslez, sans qu'ils peussent iamais rien sauuer ny des munitions, ny des armes qui estoient dedans. Ce fut alors vn spectacle bien effroyable de voir deux Elemens contraires se ioindre ensemble, & cét embrazement s'accroiſtre par l'eau, lors qu'il ſembloit que les flammes en deuſſent eſtre englouties. Maís ce qui en augmentoit encore l'horreur, c'eſtoient les cris eſpouuantables de ceux qui bruſloient: car dans ce deſordre, ces Infortunez eſpreuuoient à leur dommage leurs propres Machines, qui pour eſtre plaines de feux d'artifice les bruſloient impitoyablement ſur l'eau, & meſme deſſous.

Comme vn accident ſi tragique apporta beaucoup de perte aux Anglois, il leur abatit ſi fort le courage, que de peur qu'ils eurent d'eſtre inueſtis par mer, ils prindrent la fuitte, &

s'en allerent auec la marée. Le Roy en escriuit à mesme temps à la Royne sa Mere, & à Messieurs de la Cour, leur tesmoignant par ses lettres le merueilleux soing, la diligence incroyable, & l'extreme valleur de M. le Cardinal, digne veritablement de l'estime que toute la France fait de luy, pour tant de belles vertus, & pour auoir esté loüé d'vn si grand Roy que le nostre.

Durant que ces choses se passoient ainsi, M. le Duc de la Trimoüille rendit illustre sa vie comme sa naissance par sa Conuersion à la foy Chrestienne, & quitta les fausses opinions de la nouuelle Religion, pour embrasser la verité de l'Eglise Apostolique & Romaine. En quoy, sans doute il se monstra d'autant plus loüable qu'il se laissa porter à cela, non par les considerations humaines, ny par vne vaine ambition, ou par quelque esperance de la Fortune, mais bien par les saintes & assiduelles remonstrances du grand Cardinal de Richelieu. A quoy trauailla pareillement le Reuerend Pere Ioseph de l'Ordre des PP. Capucins, qui par les merueilles de sa doctrine & de son zele au bien de l'Eglise, ne se rend pas moins recommandable, que pour estre sorty de la noble & ancienne famille des Clercs. Et certes ce fût vn particulier bonheur à vn si Genereux Duc, que d'estre instruict par Monseigneur le Cardinal, de qui la doctrine a desfait tant d'Heresies, esclairé tant de consciences, & vaincu tant de Ministres, qu'il n'a pas moins bien combattu pour le salut des ames, que pour la defence de sa Patrie. Aussi luy doit-on donner cette gloire, que c'est sur sa Probité, sur son bon Genie, & sur son Iugement admirable que s'appuye la tranquilité publique, puis que par ses prudens conseils, il est cause que sous les heureux Auspices de nostre Roy, l'insolence des Rebelles est abattuë, l'Estat affermy, &

l'Eglise maintenuë en son lustre.

A cette Conuersion d'vn Duc si loüable est iointe vne ardeur extreme au seruice de sõ Prince. Car estant né d'illustre famille, comme heritier qu'il est de la gloire & de la Noblesse de ses Ancestres, il employera tousiours, lors qu'il en sera besoin, non seulement son bien, mais sa vie mesme pour seruir le Roy & l'Eglise, comme il le tesmoigne assez par les grandes preuues qu'il donne de son courage dans les dangers de la guerre, à trauers lesquels il se iette auec vne Valeur incroyable. Aussi est-il à croire qu'vne si belle action, que nostre siecle reuere, sera bien plus admirée encore de ceux qui viendront apres nous, quand ils sçauront que pour la seule esperance d'vne meilleure vie vn Seigneur si vertueux a bien voulu se resoudre à quitter sa Mere, sa Femme, ses Alliez, & ses Domestiques, pour se donner entierement à Iesus-Christ, & se ranger sous les enseignes de Celuy qui est son Lieutenant sur terre. Cette celebre conuersion ne fust pas aussi moins dommageable aux Rochelois peu de iours apres, qu'elle doit estre vtile à l'aduenir à ceux qui l'imiteront, poussez à cela par son exemple.

Enuiron ce mesme temps le

tres-illuſtre & tres-genereux Prince Monſeigneur le Comte de Soiſſons, s'en vint en poſte à l'Armée, pour y ſeruir le Roy en vn ſiege de ſi grande importance, ſuiuant en cela l'ancienne valeur de ſes Anceſtres, dont les trauaux ont touſiours eſté memorables pour le ſeruice de leur Roy & de leur Patrie.

Sur la fin d'Aouſt les Rochelois eſtant bien en peine de ce que deuiendroit vn des leurs, appellé Groſtier que les noſtres auoient fait priſonnier de guerre, furent inſolens iuſques à ce poinct, qu'ils oſerent bien eſcrire à M. le Cardinal, que ſi on faiſoit mourir leur Citoyen, ils ſe porteroient aux extremitez, & ioüeroient de leur reste. A quoy ce grand Cardinal fist responſe, auec la prudence & la generoſité qu'il teſmoigne auoir d'ordinaire, qu'encore qu'il fût grandement faſché de les voir ſi obſtinez en leur Rebellion, que neantmoins s'ils ſe vouloient mettre à leur deuoir, & implorer humblement la douceur & la clemence du Roy, il taſcheroit d'obtenir grace pour eux de ſa Majeſté; ſinon qu'ils s'en trouueroient fort mal dans peu de temps; Qu'au reſte on leur apprendroit qu'il n'y a point d'obſtination aſſez forte contre la bonne fortune, & partant qu'ils feroient bien de penſer à leurs affaires, qui n'estoient pas encore du tout desesperées, au lieu d'irriter plus auant la clemence de leur Prince.

En ce mesme temps sa Majesté voulant donner quelque relâche à son esprit, s'aduisa de s'en aller à la chasse, & M. le Cardinal à Maran pour prendre vn peu l'air. Cependant la charge de l'Armée fut donnée à M. de Schomberg, qui en leur absence, l'exerça tres-dignement, & auec tout le soing, & toute la prudence qu'on sçauroit dire. D'ailleurs il parût visiblement que cette entreprise estoit assistée d'vne particuliere grace de Dieu, en ce que durant tout le temps du siege, il n'y eust point dans l'Armée de maladie mortelle, & qui fut à craindre, pour estre causée ou par la corruption de l'air, ou par les pluyes continuelles, ou par semblables euenemés. Les Rochelois n'en pouuoient pas dire de mesme. Comme on leur auoit si bien bouché les passages par mer & par terre, qu'il estoit impossible qu'aucun secours leur vint de dehors, ils se virent peu à peu reduits à de si grandes extremitez, qu'il ne leur restoit plus de force pour en souffrir dauantage.

Mais sur tout la Faim estoit la chose du monde qui les trauailloit le plus, ioint que toute esperance leur estoit ostée d'auoir des viures, ny en cachette ny autrement, & qu'on auoit expressément fait publier dans l'Armée, que sur peine de la vie il n'y eust aucun qui se licentiât de prendre de leur argent, pour les soulager durant leur famine. Par ce moyen elle fut si grande auecque le temps, que pour y mettre quelque remede, le menu peuple se veid à la fin contraint de recourir à la chair des cheuaux, des chiens, des rats, & des autres animaux, qui ne sont bons à manger qu'en semblables necessitez. Ce ne fut pas le tout encore. Il n'y eust point d'herbe ny de racine pour venimeuse qu'elle fust, que ces Affamez n'arrachassent, pour voir s'ils ne pourroient point satisfaire au furieux appetit qui les irritoit. De cette façon il se passa vn assez long temps, sans qu'ils vescussent d'autre chose que des fueilles de ce peu de vignes & d'arbres qui leur estoient restez dans la Ville, ou aux enuirons, si toutesfois l'on pouuoit appeller vie ce qui ne faisoit que les entretenir en langueur. A la fin forcenez de rage, & deuorant toutes choses des yeux, ils mangerent iusques à leurs Gands & à leurs Baudriers ; Et tient-on pour asseuré que des peaux des bestes & des vieux cuirs, ils s'aduiserent d'en faire vne maniere de gelée, qu'ils deuoroient, ou bien ils en humoient le boüillon tout chaud auec vne auidité qu'on ne sçauroit exprimer. La famine estoit donc le plus grand ennemy qu'ils eussent, & il n'y auoit que les plus riches d'entr'eux qui pûssent, comme l'on dit appaiser leur grosse faim, tandis que les autres estoient contraints de la supporter, ou s'ils trouuoient quelques miserables prouisiõs, d'en offrir des sommes incroyables, encore s'estimoient-ils heureux s'ils en pouuoient recouurer pour de l'argent. Cependant comme il n'y auoit rien plus à manger dans la Ville, c'estoit pitié de voir pesle-mesle estendus parmy les ruës des monceaux de corps de gens de toute sorte de conditions, de tous aages, & de tous sexes, dont la pluspart estoient morts de faim, & les autres de misere ou d'ennuy. Ainsi les morts estoient entassez les vns sur les autres, & il s'en trouuoit plusieurs qui regretant leurs amys, se laissoient cheoir de foiblesse dans la mesme fosse, qu'ils leur auoient faite, & rendoient l'esprit entre leurs bras.

En cette commune desolation il n'y eust point de quartier dans la Ville qui pût s'exempter d'vne si grande misere. Quelque part que se trouuassent ces infortunez, le piteux

teux spectacle qui se presentoit à leurs yeux, leur donnoit sujet de pleurer leurs maux ; Tellement qu'il y auoit apparence qu'ils ne finiroient iamais non plus que leur deuil, iusqu'à ce que la mort les priuant de tous les deux ensemble, il n'en restât pas vn seul dans toute la Ville pour regreter la perte des autres. Ainsi les maisons inhabitées, & qui n'estoient ouuertes qu'au deuïl sembloient tesmoigner à ceux qui les regardoient, que la mort en auoit chassé pour iamais le mary, la femme & les enfans, pour faire des mazures & des deserts de ces funestes demeures.

I'obmets les autres calamitez des Rochelois pour auoir esté infinies, & me contente de dire que tout ce grand comble de miseres n'a pris naissance que de leur insolente rebellion, qui leur a rendu cette année clymaterique, & comme fatale.

D'vn autre costé, auec ce que la famine qui se voyoit representée sous leurs corps pasles & descharnez, les faisoit mourir tous en vie, & les affoiblissoit tellement qu'ils n'auoient ny le courage ny la force d'enterrer leurs morts, comme il n'est point d'ennemy plus cruel ny plus effroyable que la faim, celle de ces Assiegez ne pouuoit mieux estre comparée qu'à l'Ocean. Car tout ainsi qu'engloutissant dans son gouffre les riuieres toutes entieres, il est tousiours en estat d'en receuoir d'autres; de mesme ces Rebelles estoient si fort affamez que toutes les viandes du monde, s'il leur fut aduenu de les auoir, n'eussent peu les assouuir, ny remplir abondamment leurs estomacs vuides.

Il est donc bien vray-semblable que la famine les eust à la fin reduits à se rendre, s'ils ne se fussent attendus aux Anglois, dont ils esperoient d'auoir bien tost du secours. Car l'esperance a cela de propre de faire resoudre les plus malheureux à la patience, & d'estre le dernier & le meilleur de tous les remedes dont ils se puissent seruir dans les disgraces de leur fortune. Sans elle aussi la vie leur seroit odieuse, pource qu'elle a certains charmes, qui font que les maux de ceux qu'elle flatte en sont allegez, & que leurs iours en coulent plus doucement. Et toutesfois l'espoir qu'auoient les Rebelles ne fût pas moins vain, que les menaces des Anglois leurs Alliez furent ridicules, & leurs efforts inutiles.

Apres que le mois de Septébre se fut passé tout entier, voyla qu'enuiron la my-Octobre, qui est la saison de l'année, en laquelle, au rapport de Cesar &

de plusieurs autres, la pleine Lune, fait que les marées sont d'ordinaire plus grandes qu'en tout autre temps de l'année, les Anglois que le souuenir de leur deroute rendoit lasches & retifs, arriuerent à la fin, & s'en vindrent aborder aux mesmes riuages, où la desfaite des leurs estoit n'aguere aduenuë. Comme ils y estoient à l'Anchre ils consideroient de loing les contenances des nostres, & n'attendoient autre chose, sinon que la violence de la tempeste, qui est ordinairement grande en Automne, venant à rompre la Digue, ouurit vn passage à leurs vaisseaux, pour le secours des Assiegez qui les attendoient. Eux cependant n'apperceurent pas si tost leur flotte du haut des tours, qui regardent dans la mer, & la route qu'elle prenoit, qu'ils se meirent à faire vn grand bruit, & à la saluër à force de cris tesmoins de leur allegresse. Mais l'euenement leur fist cognoistre biẽ tost qu'ils s'attendoient en vain d'estre secourus, & l'esperance que leur en donnoient les Anglois, se trouua fausse à leur dommage.

Cette Armée nauale, beaucoup plus grande, & mieux equipée que la derniere, estoit composée d'vn bon nombre de nauires de toutes sortes. Les plus remarquables estoient douze grands vaiſſeaux par eux appellez Ramberges, d'vne hauteur demeſurée, & où ſe voyoient de tous coſtez pluſieurs Banderoles, qui ſeruoient comme de ioüet aux vents. Elles eſtoient fortifiées de bons Canons, & de pluſieurs tours. Tellement qu'à les voir de loing ſi prodigieuſement grandes, elles ſembloient eſtre autant de forteresſes ſur la mer, capables de donner de la terreur à tous autres qu'à nos François; Et tout ce que les vents pouuoient faire, quelques impetueux qu'ils fuſſent, c'eſtoit de leur ayder à fendre les vagues, qui gemiſſoient ſous de ſi lourdes Machines.

Aussi ne se treuuerent-elles que trop pesantes, pour les Anglois & pour les Assiegez aussi, qui n'en receurent aucun secours, pource qu'elles ne peurent iamais gaigner le Canal; Et ainsi elles ne seruirent aux vns & aux autres que d'embarras & de desespoir, au lieu de leur estre vtiles.

Ce fût encore en vain qu'auec cette flotte vindrent plusieurs barques chargées de grains, de munitions, & de viures, ensemble quelques esquifs communément appellez Bruslons; remplis de machines & de feux d'artifice, pour mettre en desordre tout le trauail de la Digue, & brusler les nauires du Roy. Il y auoit aussi des boëttes pleines de poudre, & vne maniere de petards, qui faits de fer blanc cachoient au dedans certaines matieres combustibles, propres à seruir d'aliment au feu, & en accroistre la force dans l'eau. Ils se promettoient que l'effect en seroit tel, que flottant sur des planches faites exprés, par le moyen du fil de fer qu'on y auoit passé à trauers, & des ressorts incogneus qui estoient dedans, ils arriueroient iusques à nos vaisseaux, & y porteroient le feu si auant qu'on ne le pourroit iamais esteindre.

Mais tous ces grands preparatifs des Ennemis ne leur ont

de rien seruy; tous leurs efforts n'ont point fait de feu, & ces embrazemens dont nous estiōs menacez s'en sont allez en fumée. Les Armes de LOVYS le IVSTE, & les tempestes de l'Ocean ont sceu chastier leur flotte; qui pour ne s'estre aydée du vent quand il le faloit, a perdu par vne grande imprudence l'occasion de nous liurer le combat, & le moyen de forcer la Digue. Voyla donc comme s'estant temerairement iettée dans les dangers des armes & de la mer, elle espreuua à son dommage ce que vaut le courage des François, & ce que peuuent aussi les tempestes de l'Ocean. De la façon qu'elle demeura immobile, ſans ſçauoir ny à quoy ſe reſoudre, ny de quel coſté ſe tourner, on la prendroit pour auoir eſté frappée d'vn eſclat de foudres, ſi bien que pour trop attendre, le retardement rend ſes deſſeins ſans effect, au lieu qu'elle deuroit bien auoir appris à ſes deſpens, que c'eſt ſeulement par la diligence qu'on vient à bout des plus difficiles entrepriſes, & ſe ſouuenir que pour n'en auoir eu autant qu'il en faloit en l'Iſle de Ré, on l'en a chaſſé en fort peu de temps, auec autant de perte que d'infamie.

Cependant Monſeigneur le Cardinal plein d'eſperance dãs

les choses plus difficiles, infatigable, & de qui l'esprit & le iugement excellent en tout, tesmoignoit d'estre tousiours en action; si bien que parmy tant de trauaux & de soings qu'il se donnoit, on le voyoit aller d'vn nauire à l'autre, ores sur le Tillac, & tantost entre les bancs, exhortant vn chacun de la part du Roy à bien faire son deuoir, & se monstrant soigneux de pouruoir à tout auec vne diligence merueilleuse, alors l'Armée de l'Ennemy hazarda premierement à la mercy des vents & de la mer douze Machines de guerre, dont il y en eust vne qui se rencontrant deuant le Nauire du Roy, y fist deborder de gros torrens d'eau. Quant aux autres, elles flotterent en vain sur l'Ocean, & furent prises des nostres, sans leur faire aucun dommage. En mesme temps l'Ennemy fauorisé du bon vent, s'en voulut seruir pour le soulagement de ceux qui ramoient. Par mesme moyen il fist semblant de se preparer au combat, & de vouloir sonder les courages de nos gens, animant les siens au son des trompetes. Mais toutes ces choses n'estonnerent point le Roy, qui plain d'esperance & de valleur, se meit à exciter ses soldats auec vn visage serain & vne contenance asseurée, en attendant que les Ennemis s'en vinssent les attaquer. Or quoy qu'ils iettassent à l'entour du Roy quantité de Grenades & de pots à feu, si est ce que tout cela ne pût empescher qu'au milieu de tant de dangers, accompagné du valleureux Cardinal, de M. le Mareschal de Schomberg, & des principaux Seigneurs, il ne fist reueuë des siens, & qu'auec vne merueilleuse adresse, il ne leur donnât l'ordre du combat, ce qui seruit plus que tout le reste, en ce que par sa presence il incita les soldats à ne rien craindre, & abatit le courage des Ennemis, qui se donnerent l'alarme. Il y eust cette iournée là cinq mille coups de canon, qui furent titez de part & d'autre, auec vne obstination si grande que depuis le poinct du iour iusques à dix heures, on ne cessa de tirer; Ce qui se fist auec tant d'effroy de bruit & de violence, que toutes les costes d'alentour en trembloient, si bien qu'on eust dit que la terre n'en estoit pas seulement esbranlée, mais qu'elle s'en alloit estre arrachée de ses fondements, & de son assiette naturelle.

La mer mesme, qui n'aguere esgallement vnie sembloit representer vne large table de marbre poly, tant elle estoit calme & paisible, en changea de face en vn instant au grand estonnement de tous. Car alors on la veid ores s'esmouuoir à gros tourbillons par l'impetueuse rencontre des flots qui luttoient ensemble, tãtost s'entrouurir en precipice, puis de plusieurs gouffres ioints ensemble en faire de toutes parts de profonds abysmes, & maintenant s'esleuer si haut, que ses vagues, qui toutes blanches d'escume se mesloiẽt à la noirceur de la poudre & de la fumée, à trauers les foudres & les esclairs du canon, desroboient le Ciel à la veuë, & le cachoient par de prodigieuses montagnes entassées l'vne sur l'autre.

En ce combat naual, celuy des vaisseaux Anglois qui nous deuoit foudroyer ? fust coulé à fonds

fonds à force de coups de canon que nostre Admiral y tira contre, tellement que par ce moyen tous ces feux d'artifice qui flottoient de loing sur la mer, ne firent aucun dommage à la Digue. Il y eust encore deux chaloupes des Ennemis prinses, & six-vingts de leurs soldats qui furent tuez, le plus remarquable desquels estoit vn Capitaine dõt ils faisoiẽt grãd estat. Pour le regard des nostres il n'en demeura que vingt-huict sur la place, entre lesquels les Sieurs de Friches, Burnon, Berlize & Pienne, tous vaillants hommes moururent d'vn coup de canon pres de M. le Mareschal de Schomberg, que les

Sieurs de Marillac, de la Curée & de Vignolles accompagnoient.

Le lendemain ils firent encore vn nouuel effort pour donner secours aux Rebelles assiegez, & se faire vn passage à trauers la Digue, s'aydant pour cét effect de quelques chalouppes qu'ils enuoyerent deuant, plaines de feu d'artifice. Mais tous ces efforts furent vains, & reüssirent au contraire de ce qu'ils en esperoient. Les nostres firent couler à fonds quelques-vns des vaisseaux; de leurs gens de chourme & de combat, il y en eust qui furent tuez, & d'autres qui firent naufrage. La temerité des Anglois estant ainsi chastiee, & leurs efforts heureusement repoussez, vne si valleureuse resistance fit esperer aux nostres, qu'ils pourroient donner la chasse en peu de temps à leur flotte, & venir à bout de la Rochelle.

En ce mesme temps Monseigneur le Duc d'Orleans, qui pour lors estoit à Paris, ne fût pas plustost aduerty de l'arriuée des Ennemis, qu'il prist la poste pour s'en aller treuuer le Roy, & s'offrir entierement à sa Majesté. Plusieurs autres Princes & grands Seigneurs en firent de mesme à son exemple, & accoururent de toutes parts pour se rendre au Camp au bruit de la flotte des Ennemis. Mais il arriua peu de iours apres qu'il suruint vne si grande tempeste, que par l'impetuosité des vents qui à force d'esmouuoir les vagues les esleuoient iusques aux nuës auec vn bruit effroyable, l'armée des Anglois fut arrachée du riuage, où elle estoit comme campée, & que tous leurs vaisseaux furent espars & separez les vns des autres. L'on eust dit alors que le Ciel & l'Ocean combatoient ensemble pour la deffence de nostre Prince, & qu'ils luy promettoient vne Victoire asseurée contre les vains efforts des Rebelles; & de ceux qui estoient venus à leur secours. Cela fut cause que les Ennemis eſpouuantez d'vn ſi bon ſuccez, depeſcherent le Millor Montegu pour demander la paix à ſa Majeſté par l'entremiſe de M. le Cardinal, qu'ils prierent inſtamment de les aſſiſter en cette occaſion.

Cependant les Rochelois & ceux des Rebelles qui combattoient dans les nauires Anglois, s'imaginant d'eſtre abandonnez de leurs Alliez, s'en irriterent ſi fort, qu'apres tant de calamitez ſouffertes, ils commencerent de penſer à eux, voyant qu'ils auoient perdu des leurs & des gens de ſecours iuſques au nombre de douze mille hommes, dont les vns eſtoient morts de faim, &

les autres par la violence du feu, du fer, & de l'eau. Ils s'adresserent donc à Monseigneur le Cardinal, & le supplierent tres-humblement d'employer son credit enuers le Roy, afin qu'il pleust à sa Majesté, leur faire Grace, & leur pardonner le crime de leur Rebellion. Ils adiousterent à cela, que si par son moyen ils receuoient vne si grande faueur, dont ils se confessoient indignes, apres Dieu, & le Roy, ils ne tiendroient la vie que de luy.

La responce que leur fist M. le Cardinal, fust, qu'il s'employeroit pour eux tres-volontiers, pourueu qu'ils luy voulussent promettre qu'à l'aduenir ils feroient profeſſion d'eſtre bons & fidelles ſeruiteurs du Roy, & d'obſeruer religieuſement tout ce qui regardoit ſon authorité, enſemble l'obeïſſance qu'ils luy deuoient. R'aſſeurez par cette promeſſe, qui leur fit eſperer vne bonne iſſuë de ce qu'ils deſiroient ardamment, ils enuoyerent incontinent à la Sauſſaye les principaux de leurs Citoyens, pour demander leur grace & vne abolition de leurs crimes : ce qui fut accordé par le Roy aux prieres que M. le Cardinal luy en fiſt, à condition neantmoins qu'ils s'obligeroient par ſerment d'executer de poinct en poinct les choſes que ſa Majeſté leur commanderoit, & qui ſeroient arreſtées, à ſçauoir, Qu'apres que le iour ſuiuant la Rochele ſeroit renduë, ils rentreroient dans leurs biens, & auroient libre l'exercice de leur Religion, Que les Gentils-hommes François qui ſe treuueroient en garniſon dans la Ville, en ſortiroient l'eſpée au coſté, & les ſimples ſoldats auec vn baſton à la main, & qu'il ſeroit permis aux Anglois de s'en retourner en leur pays.

Apres que les Sieurs de Marillac & du Hallier eurent ſigné ces Articles par le commandement que leur en fit ſa Majeſté, dix-huict des principaux de la Rochelle en ſortirent à pied, &

prirent le chemin du Camp, ſuiuis de pluſieurs autres Bourgeois. D'abord ils furent receus fort courtoiſement par M. de Baſſompierre qui les attendoit à cheual, auec les Sieurs de Marillac, du Hallier, & pluſieurs autres de leur ſuitte. Or d'autāt qu'ils auoient bien de la peine à marcher, à cauſe que les pluyes auoient gaſté les chemins, qui d'ailleurs eſtoient aſſez longs & marécageux, on leur fiſt donner des cheuaux pour les ſoulager vn peu. Mais comme ils ſe veirent pres du logis du Roy, ils deſcendirent incontinent, pour acheuer leur voyage à pied. A leur arriuée ils furent menez à M. le Cardinal, qui leur fit vn fort bon accueil, & les alla presenter au Roy. Alors auec vne contenance triste, & les yeux panchez en terre, ils se ietterent aux pieds de sa Majesté, & la suppliant d'auoir pitié d'eux, de leur pardonner, & leur donner la vie, ils luy rendirent l'obeïssance qu'ils auoiẽt n'aguere violée, promettant au nom de tous les autres de faire à l'aduenir le deuoir de bons & fidelles sujets.

Comme la douceur & la Clemence ne rendẽt pas moins recommandable nostre Roy que la Valleur & la Iustice, il en voulut maintenant donner des preuues à ces Rebelles domptez, en preferant la Clemence à la Seuerité. Mais auparauant il les blasma en la presence des principaux Seigneurs de sa Cour, qui s'estoient là rendus à la foule, de ce qu'ils luy auoient si souuent faussé leur foy, & si souuent aussi perdu le souuenir de ses biens-faits, qu'il y auoit apparence qu'ils les oublieroient encore à l'aduenir, quãd ils en auroient receu de plus grands. Il leur pardonna neantmoins, à condition qu'ils luy promettoient de demeurer fermes desormais dans l'obeïssance & la fidelité qu'ils luy deuoient, les asseurant qu'en cas qu'ils luy fussent bons sujets, il leur seroit aussi bon Roy, qu'il empescheroit qu'on ne leur fit

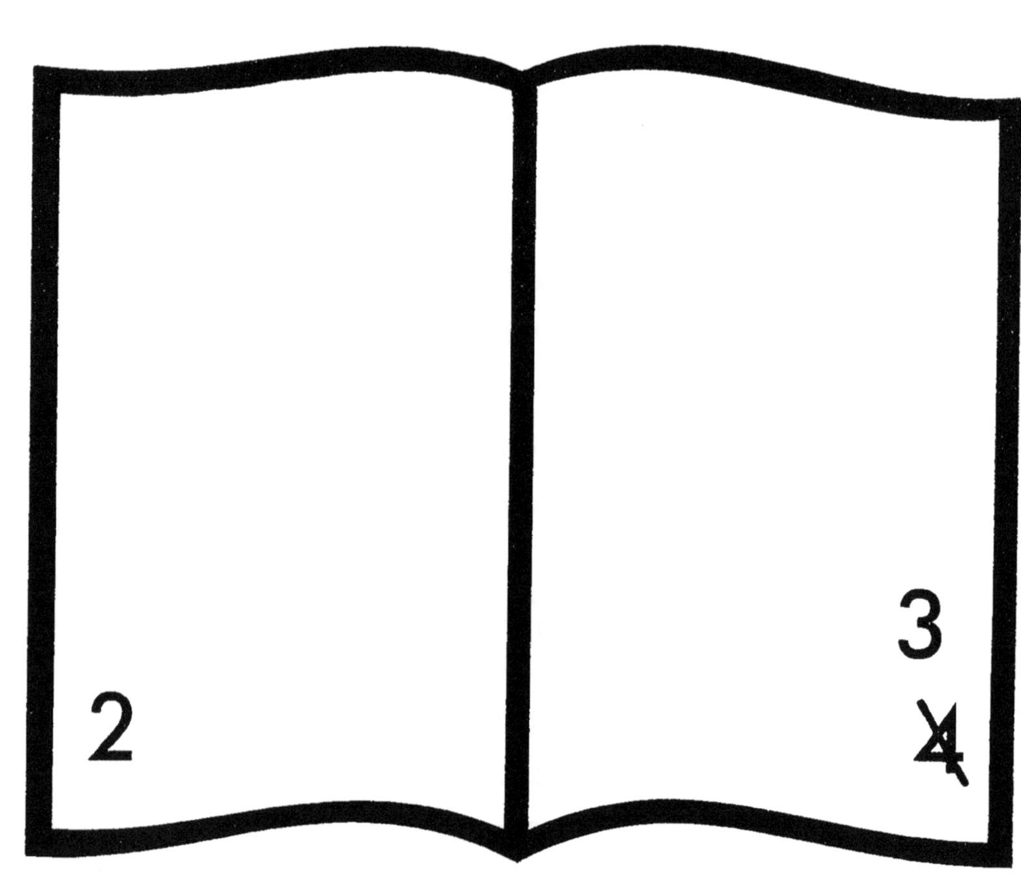
2
3
4

aucun tort, & qu'asseurement il leur tiendroit promesse.

Cela estant conclu le Roy enuoya le Cheualier de sainct Simon, Gentil-homme de merite & d'illustre naissance, porter la nouuelle aux Reines, au Preuost des Marchands, & à Messieurs de la Ville de la reduction de la place, & de la forme du pardon accordé aux habitans. Il en receut vn present digne de la Reine Mere, & de sa haute liberalité. Ie laisse à part l'incroyable contentement qu'en eurent leurs Majestez, suiuy de publiques acclamations de feux de ioye allumez par toute la Ville, & bien tost apres par tout le Royaume, auec les solennelles actions de graces renduës à

Dieu protecteur de nostre Prince & de sa iuste cause.

Cependant M. le Mareschal de Schomberg, les sieurs de Vignolles, de Marillac & de la Curée, furent commandez de prendre possession de la Ville au nom du Roy, auec le Regiment des gardes, François, & le Regiment Suisse, & de faire vne exacte visite de tous les quartiers. D'autre part le Reuerẽdissime Archeuesque de Bordeaux ayant de nouueau consacré & purifié l'ancienne Eglise à la façon des vrais Catholiques, M. le Cardinal de Richelieu y celebra le premier le diuin office, auec vn appareil fort grand, & vne profonde deuotiõ, & donna la saincte Communion à M.

le Garde des Seaux, & à M. le Mareschal de Schomberg.

Le mesme iour, qui fut la feste de la Toussaincts, le Roy fit son entrée dans la place, comme Victorieux, ayant deuant luy ses compagnies de Cheuaux legers, & de Gens-d'armes, auec les mousquetaires à cheual, les ruës depuis la porte iusqu'à l'Eglise, estant bordées de gens de pied en armes. Sa Majesté montoit vn cheual bardé de Broderie d'or, accompagnée de M. le Cardinal de Richelieu, & des principaux de son Estat; & vint de cette sorte iusques dans l'Eglise de saincte Marguerite, où elle fut receuë auec vne allegresse incroyable du mesme Garde des Seaux, & de Messieurs ses Conseillers d'Estat, des Maistres des Requestes, & de M. l'Archeuesque de Bourdeaux. Là elle entendit la Predication du Reuerend Pere Souffran, pleine de bons exemples & de saintes resioüissances.

Ce mesme iour cinquante des principaux Citoyens se ietterent à ses pieds, luy demandant de nouueau pardon des fautes passées, & l'asseurance de leur vie. Ce qui leur estant derechef accordé, les Rebelles restez en vie se prindrent à crier vnanimement, *Viue le Roy*, ayant presque tous les larmes aux yeux, & le cœur tou-

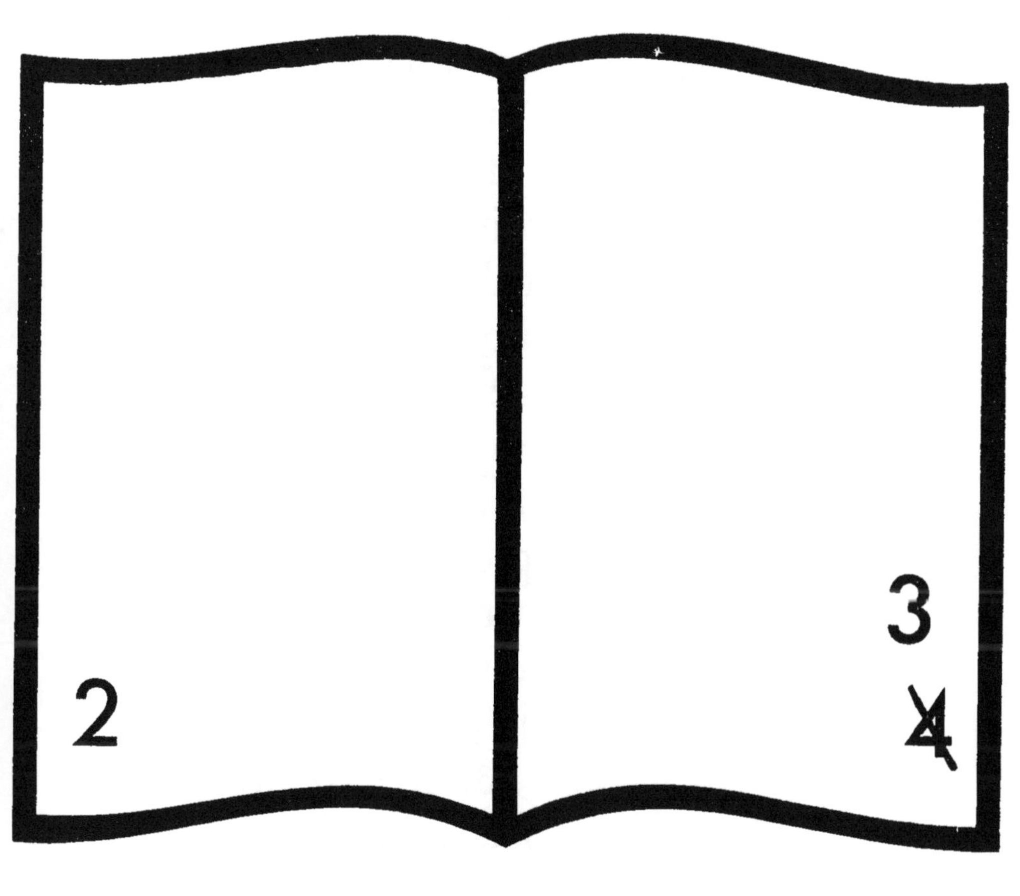
2
3
4

ché de repentance. A peu de temps de là on fit vne Procession generale auec vne infinité de flambeaux, où le sacré Corps du Fils de Dieu fût porté solemnellement, sous le Daix. Sa Majesté y estoit en personne, M. le Cardinal & force Seigneurs de marque. Cette deuote ceremonie toucha le cœur à plusieurs Huguenots, qui ayant consideré toutes ces choses auec vne profonde attention, & vaincus des visibles exemples de vertu, qui se presentoient à eux, renoncerent à leur erreur, & se ietterent sincerement dans la vraye Eglise. Comme toutes ces choses furent passées, le Roy fit en-
registrer

registrer vn Edict dans les memoires du Parlement, où il porta luy-mesme tesmoignage du fidelle seruice que luy auoit rendu M. le Cardinal en toutes les affaires de son employ, principalement en cette si haute entreprise, à laquelle l'incroyable croyance d'vn si excellent homme, sa vigilance exacte, & les grandes clartez de son esprit, ont trauaillé puissamment.

Par ce mesme acte public sa Majesté protesta de vouloir porter vne bien-vueillance paternelle aux Rochelois, quoy que leur ingratitude passée les rendist indignes des faueurs à venir, & qu'elle eust osté le souuenir des priuileges & des biens receus de sa Majesté, & des Roys ses predecesseurs, ne leur en estant resté aucune memoire, & ceux-là mesme ayant esté les plus prõpts à les oublier qui en auoiẽt eu de plus grands. Car le peuple est ordinairement de cette nature, qu'à faute de referer à son Prince la grace qu'il en a receuë, il en estouffe le souuenir, & quelquesfois la faueur mesme, se priuant par sa propre malice du droit de la posseder. Sa Majesté doncques auec vne sage preuoyance meit ordre aux affaires des Rochelois, & à l'entiere Prouince d'Aulnis, mais par dessus toutes choses, la Religion & la Pieté furent les principaux ſoings de ſon eſprit.

Ce fut à cela qu'il s'appliqua puiſſamment. Car il remit dans la Rochelle & par tout le païs d'Aulnis le ſeruice de la vraye foy, rendiſt les Egliſes aux Paſteurs, & les cimetieres aux Egliſes, reduiſit les cinq anciennes Parroiſſes de la Ville en trois, & donna de nouuelles rentes aux Eccleſiaſtiques deſtinez à les ſeruir, à condition qu'ils ne s'eſloigneroient point du troupeau qu'ils auoiẽt en charge. Au reſte, il ordonna tres-vtilement qu'on choiſiſt les plus gens de bien & les plus ſçauants Religieux qu'on pourroit trouuer, pour conuertir les desuoyez, & maintenir les Catholiques en leur bõne creãce. Il fit rendre soigneusement aux Hospitaux & aux Religions les reuenus annuels, qu'ils auoient accoustumé de posseder, &, ce qui me semble infiniment loüable, c'est qu'il fit diuiser en deux l'Infirmerie de sainct Barthelemy, de peur que les hommes & les femmes n'y fussent traitez pesle-mesle auec peu de modestie, & donna charge que les drogues des malades & des blessez fussent aussi charitablement departies aux Huguenots qu'aux Catholiques, afin que les vns & les autres eussent suject de se loüer de sa bonté. Il fit en outre eriger vne grande Croix à la place du Chasteau, à la tige de laquelle est grauée l'histoire de cette action, contenant les miseres des Rochelois, & la reddition de la place, qui sont deux preuues manifestes, que la temerité n'abandonne iamais les Mutins, & que les Opiniastres, enflez de l'espoir qu'ils se proposent, reiettent d'ordinaire le conseil & la raison; Car la populace dés la moindre apparence de bon-heur croit que toutes choses luy soient permises, & s'abandonne à tout entreprendre iniustement, sur le point mesme qu'elle est à la veille de la punition.

Le Roy voulut encore qu'en

memoire d'vne ſi genereuſe entrepriſe faite pour la gloire de Dieu, & l'accroiſſement de la Religion Catholique, enſemble pour vn ſi heureux ſuccez, & vne ſi merueilleuſe Victoire, l'on fiſt tous les ans des Proceſſions publiques & ſolemnelles, & que le Cimetiere de la pointe de Coreil, où eſtoient enſeuelis les Chreſtiens morts pour la defence de la vraye foy, & pour le ſeruice que nous deuons tous à ſa Majeſté, fut tenu à l'aduenir comme vn lieu ſacré; Ce qui ſera touſiours vn ſujet d'admiration memorable à la Poſterité. Auecque cela il treuua bon qu'en ce meſme lieu où durant le siege on auoit accoustumé de dire la Saincte Messe, les Religieux Minimes de l'Ordre de sainct François de Paule, y fissent bastir vne Eglise, & qu'en la principalle aduenuë fussent mises de part & d'autre des tables de cuiure, où il seroit fait vne expresse mention du sujet pour lequel on auoit esleué cette merueilleuse Digue, & de l'Armée naualle. En suitte dequoy il ordonna que du grand Temple de la Ville où ceux de la Religion souloient s'assembler, les Catholiques en feroient leur Eglise Cathedralle, & que l'Euesque le plus proche de la Ville y resideroit, ou bien celuy qui seroit de nouueau creé par l'authorité du Sainct Siege Apostolique. Par où l'on peut voir que ces institutions furent si belles, qu'il n'est pas possible d'en faire iamais de plus saintes, de plus religieuses, ny de plus agreables à Dieu. Aussi estoit-il bien raisonnable qu'en vne chose de si grande importance, le Roy Tres-chrestien commençât par le Culte diuin, & accomplit sainctement les vœux qu'il auoit faicts pour l'accroissement de la Religion, & de la foy Catholique.

Apres toutes ces choses, il confirma derechef aux Rochelois la Grace qu'il leur auoit faite n'aguere, & voulut en outre que leurs biens leur fussent rendus, empeschant qu'on n'vsast d'aucune violence à l'encontre. De plus, il supprima l'ancien Gouuernement de la Ville, & voulut qu'à l'aduenir il ne se parlât plus de le restablir, sur peine d'estre declaré criminel de leze-Majesté. Il remist en outre les franchises & les priuileges de la maison de Ville, dont les biens & les reuenus furent annexez à son domaine, & tous ses droits adiugez à l'Admirauté.

Il ordonna que les murailles & autres fortifications qui estoient du costé de la terre seroient desmolies horsmis les Tours de sainct Nicolas, de la

Chaine & de la Lanterne qui regardent dans la mer, auecque deffence de les rébatir sous les mesmes peines cy-deuant portées, afin que telles desmolitiõs fussent vne marque à iamais de la Rebellion de cette Ville; Ce qui monstre assez qu'il n'est point de felicité dans le monde qui se puisse dire parfaite, que les choses humaines sont sujettes à vne infinité de reuolutions, & que l'estat en est de peu de durée. Aussi voyons nous la fortune des Villes tantost fleurissante, & tantost en decadance & en ruïne, comme celle des peuples & des Royaumes. Il voulut encore par ce mesme Edit que toutes autres

Iurisdictions horsmis des Marchands fussent subalternes à celle du Seneschal, mettant vn meilleur ordre qu'auparauant aux expeditions & aux iugemens des procez; qu'on ne payât la taille qu'à l'ordinaire, & qu'en faueur du commerce les subuentions de la Ville fussent reduites à quatre mille liures.

Ce qui est encore bien remarquable, c'est qu'il deffendit aux Estrangers & à tous ceux de la Religion, qui n'estoient pas naturels de la Ville, d'y faire aucun seiour sans en auoir demandé la permission, & ne iugea pas à propos que les Citoyens gardassent aucunes armes dans leurs maisons. En fin il establit vn Surintendant de la Iustice dans le pays d'Aulnis, & dans toute cette estenduë de terre qui est enfermée entre Loire & la Garonne, choisissant en cela M. Tuller Conseiller d'Estat & Maistre des Requestes, comme tres-digne d'y administrer la Iustice, & de pourueoir sagement à toutes les affaires de cette Prouince.

Ces iustes reglemens ayans esté faicts pour gouuerner à l'aduenir les Rochelois, & donner en apparence quelque punition à ce peuple, mais en effect des preuues d'vne Clemence nompareille, il est aisé à iuger si les Rebelles qui demeurent encore en armes n'ont pas vn exemple visible de sa bonté, qui les conuie à recognoistre les fautes passées, & se ietter de meilleure heure que ceux-cy aux pieds de ce Monarque Victorieux, qui n'a pas moins fait en cette action que d'oster le Chef à la mutinerie, & rendre les Havres & les mers d'Aulnis, de la Bretagne, de la Xaintonge, & de Poitou asseurées contre toutes les forces estrangeres. Aussi la renommée de cette grande victoire estant espanduë en vn moment par toute l'Europe, donne vn terrible exemple de peur aux Ennemis de son Estat, & aux Alliez de la France, vn merueilleux sujet d'estime & de satisfaction.

L'Eſpagne admire la conqueſte d'vne place que tout le monde croyoit imprenable. Les Anglois auec vne armée Royale à l'anchre ont veu à la portée du Canon de leurs vaiſſeaux, la compoſition de cette Ville qu'ils n'ont peu rafraichir d'hommes, ny de viures, quoy qu'ils s'en fuſſent propoſez l'entrepriſe aiſée, & le canal incapable d'eſtre bouché. l'Alemagne, toute guerriere qu'elle eſt, s'eſtonne de l'heureux ſuccez de tãt de Victoires, & noſtre Sainct Pere Vrbain, ſe reſioüit auec le ſacré College des Cardinaux de voir dompter ces ſujets rebelles, qui pouuoient vn iour perpetuer les miſeres dans le plus Chreſtien Royaume du monde. Sa Maieſté a receu les teſmoignages de cette ioye par la bouche du R. Nonce Apoſtolique, Eueſque de Seruie, & les conioüiſſances de la Republique de Veniſe par M. l'Ambaſſadeur. Il eſt par tout proclamé Iuſte, Bon, & Victorieux: on eſtudie ſes belles actions auec vne curioſité nompareille, & n'eſt point de peuple en la Chreſtienté qui n'en parle auec rauiſſement.

O Victoire plus grande que tous les triomphes! ô Prince qui ſurpaſſez toute l'eſtime des hommes! C'eſt vous qui auez chaſſé la ſedition de ſes forteresses, & ioint à vos sceptres & à vos lys des lauriers, qui ne se flaistriront iamais. C'est vous qui auez mis entierement le calme dans vostre Estat, troublé de perpetuels orages auparauant; Vous qui auez remply de terreur vos ennemis, & qui apres vostre conqueste remettant le vray seruice de Dieu dans le grand Temple des Rochelois, n'auez pas donné de moindres preuues de vostre Prudence que de vostre Valeur. Viuez ô grand Roy des années longues & heureuses, & ioüyssez à vostre aise de la plus haute reputation où iamais Prince ait vescu.

En domptant la Rochelle vous

vous auez asseurément dompté plusieurs peuples, & rabatu le vain espoir des Potentats qui portoient enuie à vostre Grandeur. La France sera desormais toute paisible, Montauban aymera mieux esprouuer vostre douceur, que les foudres de vos armes; Nismes, & Castres prefereront les loix d'vn Vainqueur si moderé à celles de leur obstination, & ce qui reste de seditieux en vostre Estat, vous recherchera plustost pour Maistre que pour ennemy. La Rochelle les conuie à leur deuoir, & par l'exemple de ses miseres & par celuy de vostre bonté. Tous les François les aydent de leurs vœux & de leurs voix pour se recognoistre ; & par dessus tout le reste des villes, vostre Paris le leur conseille ; qui rauy de l'extreme ioye qu'il a de vous reuoir, prepare pour vostre retour triomphant des statuës & des couronnes ; & encore au deuant de vous les trois ordres de vostre Estat, pour vous asseurer parmy les acclamations publiques, du contentement qu'il reçoit de vos gloires, & de la parfaite obeïssance qu'il a pour iamais voüée au plus Grand, au Meilleur, au plus Iuste de tous ses Roys.

FIN.

AV ROY,

SVR SON RETOVR de la Rochelle à Paris.

Traduction du Latin du Sieur de Sainte-Marthe.

LOVIS *fleur des grãds Rois, du monde la merueille,*
En qui la Terre espere, & pour qui le Ciel veille,
LOVIS *quand vous entrez au Temple où cent Autels*
Sont sacrez à la Vierge, honneur des immortels;

La Victoire esclatante aux rayons de son aile,
Vole, & va deuant vous, & repaissant le zele
Des peuples de l'amour de vos gestes espris,
Leur compte les Citez que vos Armes ont pris,
La Rochelle sur tout ; ses murs iadis superbes,
Demolis à l'egal des plus petites herbes,
Et l'Anglois desconfit sur la mer & dans Ré,
Où gist auecques luy son honneur enterré.
La Gloire suit apres par vos trauaux acquise
Qui le chef reluisant d'vne dorure exquise
De tiltres, & de noms l'vn dans l'autre enlaçez,
Eternise l'honneur de vos combats passez :

Pallas, Themis aussi, deux compagnes fidelles
Marchent à vos costez: Pallas tient les rebelles,
Domptez dessous son frein, & la Iuste Themis
Va pesant les beaux faicts & les crimes commis.
Paris d'vne autre part, frappe de cris les nuës,
Et paroissant au front de vos trouppes venuës,
Par l'argent releué qui sur ses armes luit,
Et perce à maint esclair les ombres de la Nuict,
Par l'or, & l'escarlatte, & les brillans sans nombre
Qui font vn iour serain d'vn soir espais & sombre,
Fait entendre la ioye en l'vn & l'autre bout:
Criant, priant pour vous, & celebrant par tout

Les palmes & lauriers de vostre heureux Trophée,
S'acquitte du sainct vœu, que d'vne ame eschauffée
Elle auoit autresfois faict pour vostre retour.
Et certes si sortant de cet aymé seiour,
Qui fut en la saison que la Terre ia verte,
De mille & mille fleurs à la face couuerte,
Le Ciel qui nous voyoit priuez de vos regards,
Gros & noirci de deuil, pleuroit de toutes parts:
Or que vous retournez, ce mesme Ciel s'appuise,
Et quoy qu'en plein Hyuer, rit, & s'esclaircit d'aise.
Si vos peuples outrez des plus viues douleurs
Fondoient pour vostre absence, en des torrens de pleurs,

Or que vous reuenez, ils espandent
de ioye,
Des pleurs que vostre aspect, en l'ame
leur enuoye.
Bref, (vous estant absent) si le Soleil
monté
Au degré le plus hault de l'horison
d'Esté,
Se ressentoit du froid, & sous les Ca-
nicules,
Voyoit le plus souuent, geler ses cre-
puscules:
Ores que vous monstrez l'admirable
splendeur
De vostre diuin front, & que remply
d'ardeur
Vous blessez doucement, tout œil qui
vous regarde,
Des traicts que vostre Amour, dedans
l'ame luy darde,
Vos subiets cy-deuant de desespoir
gelez,
Sont de vostre feu proche, à l'instant
consolez.

Vous ressemblez, Grand Prince, à
ce bel œil du monde:
Car comme il va changeant en sa
course feconde
Le Temps, & la Nature, & les qua-
tre saisons,
Selon que loing ou pres il veoit de ses
Maisons
L'Air, la Terre, & les Mers diuerse-
ment courantes
Obiects assuiettis à ses flammes er-
rantes:
Ainsi renuersez-vous, & les Ans
& les mois,
Ainsi flechissez-vous, vainqueur, des-
sous vos loix,
Les hommes, & les Dieux, les Ele-
mens encore,
Si que le Monde entier, qui sousmis
vous adore,
N'a point en sa rondeur de decret ar-
resté,
Qui ne soit dependant de vostre
Maiesté.

D

www.ingramcontent.com/pod-product-compliance
Ingram Content Group UK Ltd.
Pitfield, Milton Keynes, MK11 3LW, UK
UKHW012216240726
13966UKWH00003B/794